一瞬で笑わせる技術

相手ともっと打ち解けるためのコミュニケーション

Kawahori Yasushi
川堀泰史

WAVE出版

本書の構成

本書ではいろいろなビジネスシーンにおいて、ダジャレによって笑いを巻き起こしてコミュニケーションを円滑にする手法、スキルを学びます。

【戦略】 各章のコンセプトを表しています
【小説 前編】 職場環境やダジャレについてありがちな失敗を小説形式で展開しています
【失敗の分析】 前編で発生した失敗について分析をしています
【成功への対応】 成功への道筋、対応を示しています
【小説 後編】 手法やスキルを実践した事例を小説形式で展開しています
【まとめ】 ダジャレを活用するための手法、スキルを取り上げています

一瞬で笑わせる技術　目次

主な登場人物

日比野《ひびの》 加奈《かな》(40歳)
業務推進部の課長で若手社員の教育担当。
セミナーの世話役で講師のアテンドや司会をしながら、セミナーに参加している。
しっかり者で、ずっとダジャレを言わなかったが、ついに披露する場面が訪れる。

谷山《たにやま》 二朗《じろう》(65歳)
ビジネスコミュニケーションセミナー講師。
新聞社の広告部門で勤務した後、広告会社の社長となる。ダジャレで、笑いを巻き起こしながら出世街道を歩んだ。
定年退職後は講師として、ダジャレを使ったコミュニケーション術を伝授している。

平川《ひらかわ》 渡《わたる》(38歳)
営業第３部の社員。
木下良男と同期だが、過去の「ある事件」を機に仕事を干される。
お調子者で、社内では珍しくダジャレを言うタイプ。セミナーを通して谷山に憧れを抱くようになる。

木下《きのした》 良男《よしお》(38歳)
営業第１部の課長。
自分にも他人にも厳しく人のミスを許せない、パワハラ系上司。
周年企画の実行責任者で、日々プレッシャーを感じている。ビジネスコミュニケーションを学び、徐々にダジャレに目覚めていく。

香村《こうむら》 かおる（28歳）
営業第４部の社員で瀬尾の先輩。
スポーツウーマンで明るく颯爽としている。
ダジャレに否定的ではないものの、自分が言う必要性は感じていない。
タピオカミルクティーとワッフルが好物。

大堀《おおほり》 裕次郎《ゆうじろう》（35歳）
営業第２部の中堅社員。
営業で良好な人間関係を築くため「まっ、いける」の口癖をもじって「マイケル大堀」の名刺を持つ。
社内では大言壮語の癖があり「大ほら言うじろう」のあだ名がある。

瀬尾《せお》 悟《さとる》（23歳）
営業第４部の新入社員。
あわてんぼうでミスが多く、引っ込み思案だった。すぐ人に助けを求めるので「SOSの瀬尾」があだ名である。ダジャレを使った自己紹介をしたことで自信をつける。

吉本《よしもと》 ユカリ（24歳）
営業支援のマーケティング部の社員。
父親の寒い、おやじギャグのダジャレに閉口してダジャレ嫌いだった。
セミナーでダジャレの腕を磨き、父親と勝負するまでになる。

はじめに（谷山《たにやま》二《じ》朗《ろう》から読者の皆さんへ）

「また始まっちゃったよ、部長のダジャレ！」
「まったく、もう！　空気読めないおやじギャグなんだから」
「何とかしてよ、この寒さ……」

こんな若手社員のグチが聞こえてきそうな職場があっちにも、こっちにも。

えっー！　あなたの職場も！　そうでしたか……。それはお気の毒に。

ほんと困りますよね。上司のしょうもないダジャレ、おやじギャグ。いいかげん付き合っていられないでしょ。できることなら迷惑行為防止条例違反かなんかで訴えたいぐらいに困っている方もいらっしゃるかもしれません。

始末が悪いのは、これで若手社員とコミュニケーションがうまく取れていると大いなる勘違いをしている上司が多い点。これではコミュニケーションが取れているのではなく、「〝ゴミ〟ュニケーションが取れている＝ゴミ取れ」になっちゃってますよね。

でもちょっと待ってください。悪いのは空気読めない部長や上司のおやじであって決してダジャレが悪いわけではないんです。「ダジャレなんて最低」なんて思わないでください。ダジャレは「寒いおやじの専売特許」ではありません。

使い手のレベルの低さ故に「冴えないおやじギャグ＝ダジャレ」みたいな評価になっていますが、実は凄いパワーがあるんです。

ダジャレには一瞬でその場に笑いと明るさを劇的にもたらす「瞬間〝愉〟沸かし」の機能があります。誰かが放った冴えたダジャレで暗い職場から一瞬のうちに笑いが起きて明るくなるなんてことがあるんです。

働き方改革で職場のコミュニケーションを円滑にするにはダジャレによる笑いが有効かもしれません。
そんなダジャレで笑いが絶えない明るく楽しい職場なら、朝起きたらまた行きたくなりますよね。ダジャレがもたらす笑いが、暗く落ち込む職場や世の中を明るく救ってくれる気がします。

ダジャレは包丁と一緒で使い手、使い方次第で切れ味鋭くさばいて、すばらしいご馳走をもたらしてくれるのです。

えっ、そんな切れ味鋭いダジャレなんか聞いたことない？
そんな凄いダジャレの使い手にお目にかかったことがない？
そうですか、そうですか。

でもいるんですよ。キレキレのダジャレを駆使して職場や仕事を明るく楽しい世界に変えていったおじさんが。ダジャレによる笑いのおかげでビジネス社会でトントン拍子に、

はじめに（谷山二朗から読者の皆さんへ）

誰も予想もしなかったような出世をした世渡り上手のおじさんが。

実はそれ、私なんです。

えっ、私が誰かって？

私の名前は谷山二朗《たにやまじろう》。ついこの間まではある広告会社の社長でした。社員の皆からは「ダジャレ社長」なんて呼ばれていました。65歳になって定年退職したので今は単なるダジャレおじさんですが。

42年もの間、ビジネスマン人生を突っ走ってきたので、ちょっとここらで一休みしたいと思っているんです。ただ定年退職して何もやることがなくなって「単なる暇人」になるのは嫌なんです。得意のダジャレをご披露する場がなくなるのも困りますしね。「自分が磨いてきたダジャレ術を、コミュニケーションに悩む若い人に伝授したい」とは思っていました。

ちょうどそんな時、大学時代の友人が経営している広告会社からダジャレを使ったビジネスコミュニケーション術を社員に伝授するセミナーをやってほしいと頼まれました。

ここだけの話ですが、どうもこの会社、社内のコミュニケーションがあまり良くなくて職場の雰囲気が暗く、笑いが起きることはまずないようです。若手社員も結構辞めているみたいですし、業績も伸びていません。社長もだいぶ心配して、私が伝授するダジャレを使ったコミュニケーションによって社内を明るくしたいと考えたようです。

私はダジャレは「ドレミ」だと思っています。冴えたダジャレは素敵な音楽の旋律のように明るく楽しいリズムをもたらしてくれます。それだけでなく「ドレミ」の音にはダジャレの要素が詰まっているんです。「ド」は「同音」、「レ」は「連想」、「ミ」は「身近」。「同じような音の言葉を使って連想を広げて身近を明るく楽しくする」。そして「ファ、ファ、ファ」と笑いが起きる。

それがダジャレなんですね。

とにかくまずはセミナーで私の講義を聞いてもらって、それを理解していただき実践してもらうしかありません。きっとはじめはうまくいかないと思いますが、掲げた戦略に基づいて何をすればよいかを確認して、私のアドバイスを聞いてもらいながら進めていけば必ずいい方向に展開するはずです。学んで作ったダジャレを使えば職場にいい旋律が生まれます。ダジャレを学んで実践すれば、笑いを巻き起こして人の心を掌（笑）握できるキーマンになれると思います。

どうです。あなたもちょっとセミナーを聞いてみますか？

さぁさぁ、ダジャレコミュニケーション術の講義が始まりますよ。

第1章
ダジャレを自己紹介で使う

・ここでは「ダジャレを入れた自己紹介」で自分を印象付ける手法、スキルを学びます
・自己紹介は初対面の相手に「自分がどういう人間なのか」を分かってもらうコミュニケーションの第一歩となる能動的な行為です。「人となりが伝わるように自分から働きかける」という自主的な対応が求められます。「守り」ではなく「攻め」の姿勢を貫きます

【戦略】 名前をビジネスでの武器とする

5月8日　第1回セミナー（連休明けの夕方6時）

「はい、皆さん、よろしいでしょうか。これから第1回目のビジネスコミュニケーションセミナーを始めさせていただきます」

司会を務める業務推進部の日比野《ひびの》加奈《かな》課長の落ち着いたよく通る声でセミナー開始が告げられる。

東京・日本橋にある広告会社ビッグアドエージェンシーの会議室には社員約20人が集まっていた。スクール形式で座る受講生達の中には連休の疲れが残っているのかあくびをしている者もいる。

「それではセミナー講師の谷山《たにやま》先生をお呼びします」

日比野課長の声に促されて谷山が会議室に入ってきた。受講生達の視線が一斉に谷山に注がれる。ダークスーツ姿で髪を７・３に分け、眼鏡をかけた容姿は堅物そのものである。いかにも堅く厳しそうな雰囲気に受講生達の間に緊張が走る。先ほどあくびをしていた社員も背筋を伸ばした。

「はい、皆さん、こんばんは。講師の谷山です」

顔はニコニコとしているのに目が笑っていない。しかも響きのある低い声だ。受講生達の表情がますます硬くなるが、そんなことにはお構いなしに谷山が続ける。

「本来なら司会の方が私のプロフィールを紹介してくれるのでしょうけど、今日は私自らが自己紹介をさせていただくことでお願いしました。どうしてかというと今日のセミナーのテーマが『ダジャレを自己紹介で使う』だからです。まずは簡単に自己紹介をします」

受講生達は今日のセミナーの講師名とテーマは知らされていたが谷山のプロフィールまでは知らない。

「ほとんどの皆さんには今日初めてお目にかかったわけですが、私の見た目の第一印象はどうだったでしょうか。『何かすごく堅く厳しそうな感じの講師が来ちゃったなぁ』『確かビジネスシーンでのダジャレの使い方を教えてくれる柔らかい楽しい講義と聞いていたけど、こんな堅い感じの先生で大丈夫なんだろうか……』というのが皆さんの私への正直な印象ではないでしょうか」

受講生達は自分達の心を見透かされたようで頷きたいが頷けない。

「だいたい私のこの7・3に分けた髪形、何歳の頃からやっているか分かりますか？　分かる人は手を挙げて下さい」

もちろん受講生達は誰も手を挙げない。

「分かりませんよね。当然です。実はこれは21歳からなんです。どうしてかって言うと7・3（7×3）＝21だからです」

何人かがクスッと笑ったが皆の表情はまだ硬い。

「まぁ、いきなりこんなジョークを言っても皆さん、笑っていいのか困りますよね。これはしょうがないんです。私と皆さんは初対面なのでまだ同じ空気感を持てていませんから。でも『堅い感じの割には冗談を言うんだ』と思った人が少しいたようですね」

受講生達は「空気感」という普段はあまり聞き慣れない言葉にこのセミナーならではの雰囲気を感じる。

「さて、そんな『7・3男』が社会人となり会社人生がスタートしました。北西新聞社に入り広告部門で仕事が始まったわけですが、これを詳しくご紹介していると42年もかかってしまいます。ざっくり言えば『谷山』の名字の如く『山あり谷あり』『谷あり山あり』の会社生活でした。

でも下の名前は『二朗』ですから、この谷と山を『じろじろ』と朗《ほが》らかに眺めながら乗り切ってきた42年間でした。私の親も名字からして苦労することは分かっていたので『朗らかさでその二つを乗り越えていくように』と『二朗』という名前を付けてくれたようです。とにかく『谷と山の二つを朗らかに乗り切った男』ということで私、谷山二朗の名前を覚えておいてください」

何人かが納得したように微笑む。

「私にも趣味がいろいろとあるので話せばきりがないのですが、とりあえずの私の自己紹介はこんなところです。講師の特権で少し長めに『公私（講師）混同』の自己紹介をさせていただきました」

「やはり自己紹介の締めはダジャレで来たか」というように何人かが遠慮がちに笑う。

「それではダジャレを自己紹介で使うコツ、ポイントについては後ほど解説するとして、まずはどなたかに自己紹介をしてもらいたいと思います。いかがですか？」

と谷山が呼びかけても、手を挙げる受講生は当然のようにいない。会議室の中はシーンと静まり返り堅い空気が流れている。

「こういうのを『しじま』って言うんですよね。ビジネスを円滑に進めていくうえでこの『しじま』は大敵です。私はこの『しじま』が大嫌いでそれを打ち破るためにダジャレを言い始めたんです。この『しじま』を解消するいい方法があります。それはこれです！」

谷山が突然ポケットから何かを取り出した。それを見ようと下を向いていた受講生達の顔が上がる。

「これは『しじみ』です。乾燥させたものですが。『しじま』の『ま』を『み』に変えると『しじみ』になります。そうです！　『しじみ』パワーで『しじま』を破ればいいんです！」

この予想外のダジャレに何人かが笑ったが、指名されるのを恐れて谷山と目を合わせないようにすぐまた下を向く。また「しじま」が流れる。

「どうやら『しじみ』パワーは効かないようなので私から指名することにします。と言っても皆さんのお名前が分からないので、まずはこの中で一番若い方にお願いしようかな?」

「瀬尾《せお》だ！　瀬尾だ！」

自分の難を逃れてほっとした数人が新入社員の名前を連呼して「しじま」を破る。

「瀬尾君がこの中で一番若いんだね。どこにいるのかな?」

「あぁ、は、はい……」

自信なさそうに瀬尾が列の後ろの隅の方から立ち上がる。

「じゃあ、瀬尾君。初対面の私にちょっと自己紹介をしてみてください」

「あぁ、は、はい……。参ったな、急に。ぼ、僕は瀬尾《せお》悟《さとる》と言います」

「瀬尾君！『僕』じゃなくて『私』でしょ！」

若手社員の教育担当でもある日比野課長からすぐにチェックが入った。

「まあまあ、ご指導は自己紹介が終わってからにしましょう」

谷山がすかさずフォローをし、自信なさそうに瀬尾が続ける。

「わ、私は今年の４月に入社した新入社員です。営業第４部にいます。出身は広島の尾道というところですが、大学受験を期に上京してそのまま東京で就職しました。大学ではインターネットのことなどを勉強していました。スマホでやるゲームが好きで空き時間はほとんどゲームをやっています」

瀬尾が新人であることは知っているが、尾道の出身であることやインターネットを勉強したことなどは皆初めて聞く。

「私はあわてんぼうでドジばかりやってしまいます。まだ入社して１カ月ですけど先輩からも毎日のように注意されています。ミスが多いのでこれから先、会社でやっていけるのか心配です。ＩＴ機器を介した仕事ならできるんですが、人と話す機会が多い営業部門に配属になったのであまり自信がありません。以上です」

瀬尾はすごすごと席に座り、うつむいた。重たい自己紹介に室内の雰囲気が暗くなる。

「はい瀬尾君、突然の指名だったけど頑張って自己紹介をしてくれました。ありがとう」

谷山はその暗い雰囲気を払拭しようと努めて明るく瀬尾に礼を言う。

「皆さん、今の瀬尾君の自己紹介はどうでしたか？　急な指名で準備することもできず、不慣れな中で今の自分の思いをひたすら語ったという感じでしたね。遠慮なく言わせてもらうと、私には瀬尾君の仕事や職場に対する不安などは伝わってきましたが、残念ながら瀬尾君の名前や人となりがきちんと伝わってきませんでした。

このままだと印象が薄く何日か経ったら『不安を抱いた、あわてんぼうの新入社員がいたけどあれは誰だったかな。名前をよく思い出せない。尾瀬君だったか、瀬尾君だったか』などと不確かな記憶になってしまうでしょうね」

谷山からのアドバイス

まずは自分の名前を相手に印象深く覚えてもらうという自己紹介の基本的なところから考えてみましょう。相手に印象を残せるように自分の名前を伝えるにはどうすればいいのか。それには**名前で仕掛けを作る材料探し**から始めます。

私の場合は『谷山』ですから『**人生、山あり谷あり。谷あり山あり**』などと教訓めいたものと結び付けることで印象を強める仕掛けにしました。下の名前は『二朗』なので**『じろじろ』と朗らかに谷や山を眺めて越えた**とダジャレ入りでお話ししました。
瀬尾君の場合も話の中にヒントはいろいろとあったと思います。瀬尾君の名前をどう印象付けるかについてちょっと考えてみます。

瀬尾君は確か尾道出身でしたね。尾道は瀬戸内海沿岸に位置していますから**『瀬戸内海沿岸の尾道出身の瀬尾』**でもう素晴らしいキャッチになっています。これを使わない手はありません。ちょっと出来過ぎなくらいですね。

瀬尾君は自分の性格を『あわてんぼう』だと正直に言ってくれましたが、これも工夫次第で**『自分の人となりを心を開いて伝える』**という挨拶、自己紹介のポイントとして使えます。『あわてんぼう』という短所を、どう**印象深い挨拶の材料**にするかを自分でよく考えてみてください。**下の名前の『悟』にもヒントがあります。**

自分で材料を探してオリジナルの自己紹介を作り上げてみてください。趣味や食べ物の好き・嫌いなどを入れてもいいと思います。自分で工夫した自己紹介ができればきっとこの会社の営業でやっていく自信がつきますよ。

「さあ、それでは、もう一人くらいどうでしょう。どなたか私に自己紹介をしていただけますか？」

だいぶ谷山の解説の間に会場の雰囲気が打ち解けてきたようで受講生達の顔が上がるようになってきた。

「はい」と営業の木下良男《きのしたよしお》課長が手を挙げた。新人の瀬尾に最初の自己紹介で苦労をさせた責任を先輩として感じたのかもしれない。

「あっ、やっと自分から手を挙げてくれる人が現れましたね。えーと、お名前は？」

「はい、営業第１部で課長をやっている木下良男と申します」

「木下課長ね。ありがとう。それではお願いします」

「はい、私は木下良男です。入社して17年目で38歳です。営業第１部で課長をやらせていただいています。名前からすると『木の下に良い男がいる』と自分では思っていますが、皆からは『悪い男がいる』と思われているようです。と言うのも私はすぐにカッとなる性格で職場ではパワハラ系として嫌がられています。人がミスすると許せなくてついつい雷を落としてしまいます」

「パワハラ系で嫌がられている」

木下課長がこう言った途端に皆が頷く。

「昨年、何人か若手社員が辞めてしまったのも私が原因なのではないかと考えています。自分でも何とか変わらないといけないと思っていますがどうすればいいか分からなくて。谷山先生にダジャレを使った楽しいコミュニケーションを教えてもらえるということなので期待しています。ダジャレが言えるようになって人と笑顔で楽しい会話ができる自分になりたいと思います。青森出身で趣味は釣りです。簡単ですが以上です」

「はい、木下課長、ありがとうございました。パワハラ系で職場では恐れられている姿が伝わってきました」

谷山にも木下課長がそう見えるのか、パワハラ系ということを遠慮なく言ってしまっている。


「それを正直に語ってくれたのはいいのですが、これだけだとただ『恐ろしい、できれば避けたい堅苦しい課長』として終わってしまいますね。もう少し自分の名前にダジャレなどを入れながらジョークの効いた紹介にすれば、距離感も縮まり周りの人からも親しみを持ってもらえると思います。『雷が落ちると木の下は危ない』ですからそんなことも材料にしてみたらどうでしょう。趣味や出身地なども使えるような気がします。もう少し自分の名前を分析してオープンにできる個人情報と関連付けるといいですね」

「木下課長に親しみを持てるようになるはずがない」

と受講生達は思う。しかしどんな自己紹介に変わるのか、興味があるようだ。

「さあ、お二人に代表して自己紹介をしていただき、それぞれの名前にダジャレを入れて印象を深めるヒントをお話ししました。自分の名前を強いインパクトで印象強く紹介ができれば、ビジネスを進めていく際に有力な武器となるはずです。

皆さんもご自分の名前を分析、分解してオープンにできる個人情報と結び付けて印象深い自己紹介を考えてみてください。『印象』を強くするというのは『印章』、ハンコを強く押してはっきりと跡を残すようなものなんです」

受講生達は「やはり最後はダジャレで終わるのか」と改めて思った。

【失敗の分析】

人は今を生きているので、とかく現在の自分の置かれている環境や心情、思いを話したくなるものです。しかし初対面の人への自己紹介でそれが目立つと聞かされる方は受け入れ難くなります。ましてや不安や不満ばかりでは、たまったものではありません。

瀬尾君のケースにも木下課長の自己紹介にもこうした傾向が見られました。瀬尾君の場合はそれに終始したという印象です。自己紹介を聞いて人となりが分かり「この人となら明るく楽しく話せそうだからまた会いたい」と思わせるようでないとビジネス上での自己紹介としては失格です。

【成功への対応】

自己紹介の中に相手の心を開き、つかめるような要素を入れましょう。笑って楽しく話せるような人となりであることを伝えるならダジャレを入れるのが有効です。名前に絡めてダジャレやジョークが入っていればその場に柔らかい雰囲気が出ますし、明るい性格、人となりも伝わります。

出身地などのオープンにできる個人情報をダジャレやジョークを交えて紹介しておけば、その後のお付き合いに進展するかもしれません。同じ趣味の人がいればその後の話題が大いに盛り上がるでしょう。食べ物の好き・嫌いなども親しみを持ってもらえる情報として活用します。

5月15日　セミナー後の会議にて

第1回目のセミナーが開催された翌週、ビッグアドエージェンシーでは営業部門での大きな会議が開かれた。約100人いる社員の半数を占める営業本部において上期における営業状況の報告会である。

日比野課長からの申し入れもあって、会議の冒頭に先週のセミナーで学んだ「ダジャレを自己紹介で使う」成果を瀬尾と木下課長が発表することになった。二人にとっては思わぬ「晴れ舞台」がやってきてしまったことになる。特に新人の瀬尾にとっては先日のセミナーでの自己紹介どころではない「緊張しまくり」となりそうな場面である。

日比野課長が挨拶をする。

「この会議の冒頭に、ビジネスコミュニケーションセミナーの成果を発表させていただく機会を頂戴しました。ありがとうございます。第1回のセミナーのテーマが『ダジャレを自己紹介で使う』でしたので、営業本部に所属する受講生の瀬尾君と木下課長に代表して自己紹介をしていただきます。皆さん、どうぞお聞きください」

営業状況の報告会には似つかわしくない飛び入りに迷惑そうな顔をする者もいるが、ほとんどの社員は営業会議前のアイスブレイクに期待する。

瀬尾がゆっくりと立ち上がった。

「私は瀬尾悟と申します。皆さんご承知のように4月に入社した新入社員です。よろしくお願いします。私の出身地は瀬戸内海沿岸の尾道です。『瀬戸の尾道出身なので瀬尾』と覚えていただければうれしいです。景色の良いしまなみ海道も近いので旅行される時はぜひお声掛けください。費用は出せませんが口を出して見所くらいはご案内できます」

瀬尾が滑らかな口調で話し始めると皆が「ほ、ほう」とばかりに顔を見合わせる。

「私はあわてんぼうのところがあり、この1カ月はミスを繰り返して先輩に助けてもらってばかりでした。『せ《S》お《O》さ《S》とる』なので『ＳＯＳ』ばかり発していました。これからは基本をきちんと勉強して勝手に判断しないで、何とか『セ《S》オ《O》リーに沿《S》って』やれるように努力したいと思います。『セオリー』は大事ですよね、『セロリー』は嫌いですけど」

このダジャレに笑いが起きる。

「まずは今の営業で頑張りますがインターネット関連の仕事にも興味があります。名付け親である両親に私の名前である『悟』をどうして付けたのかと聞いたら『物事の良し悪しの判断をきちんとできる人になるように』とのことでした。自分の名前の意味に近付けるように少しでも頑張ります。これからも『ＳＯＳの瀬尾悟』をよろしくお願いします。以上、簡単ですが自己紹介を終わります」

瀬尾の自己紹介が終わると拍手が起こった。

先週の展開を目の当たりにしているだけに日比野課長がびっくりした様子で自己紹介を終えた瀬尾を見つめている。

「変われば変わるものだ！　ダジャレを入れて自分のことを堂々と紹介している。自信に溢れて滑らかで、先週とは別人のようだ！」

と先週のセミナーに参加していた営業本部所属の受講生達も同様の驚きで瀬尾の方を見ている。

日比野課長がハッと我に返り、今度は木下課長を紹介する。

「それでは次に木下課長に自己紹介をお願いします」

「はい。皆さんの前で今更自己紹介をするのもおかしいのですがセミナーの一環、研修として行わせていただきます。よろしくお願いします。私は『木下良男』と申します。会社では『課長』ですが家でも『家長』です」

このダジャレに少しだけ笑いが起きる。

「木が多い青森の下の方で生まれたので『木下』は出身地に相応しい名字になっています。十和田湖の近くなんですけどね。名前の下のほうは『良男』ですが、これは自分には相応しくないと思っています。と言うのも皆さんご存じのように、私はすぐにカッとなる性格でドジな人間を見ているとついつい怒りたくなり、雷を落としてしまいます」

「いよいよ本性を暴露し始めたか」という表情で皆が木下課長を見つめる。

「『木の下は雷が落ちるから危ない』と嫌がられています。『木下良男《ＫＹ》』なので空気が読めない『ＫＹ男』なんだと思われているのでしょう。短気を直すためにもっと趣味の釣りを活かそうと思います。のんびりと糸を垂らすあの釣りの『ゆとり』を身に付ければ自分が変われるような気がします。『釣りとツリー』は響きが似ているので『木下』とは相性がいいかもしれません」

　ちょっと謙虚な木下課長に皆が「おやっ？」とした顔になる。

「瀬尾君の『ＳＯＳ』ではありませんが、パワハラ系卒業のために私はこれから『ＳＳＳ』の『３Ｓ《スリーエス》』を心掛けようと思っています。それは『責めない』『刺さない』『裁かない』の『３Ｓ』です。ダジャレも学んで笑いで周りを楽しく気遣えるようになりたいと思います。『パワハラ系』ではなく人の心配ができる『ハラハラ系』に変身します。なんか決意表明のようになってしまいましたが、以上で自己紹介を終わります。ありがとうございました」

　木下課長の自己紹介が終わるとこちらにも拍手が起きた。しかも多くの人が笑っている。この会社において職場で笑いが起きるなんて珍しいことである。

こうして営業本部の会議の場を借りた瀬尾と木下課長の自己紹介の発表が終わった。


瀬尾と木下課長が自己紹介の発表をしてから二人の周辺が徐々に変わり始めた。

まずは瀬尾のほうである。社内、職場で営業の諸先輩から声を掛けられる回数、場面が圧倒的に増えた。そもそも入社以来、先輩から声を掛けられることはほとんどなかった瀬尾である。声が掛かる時はミスをして叱られている時ばかりだった。それが今では毎日、方々から声が掛かる。

「元気か、ＳＯＳ」「おい、セオリー」などと親しげに声を掛けられる。「はい、元気です！」と瀬尾も堂々と受け答えをしている。入社以降、そしてセミナー会場でのおどおどとしていた自信のなかった態度は一体どこにいってしまったのか。


先輩に同行して営業に出ても、先輩が面白がって得意先のお客様の前で瀬尾に自己紹介をさせる。瀬尾も心得たもので「『瀬尾』の名前のように『セオリーに沿って』きっちりとやらせていただきます」などと調子良く応えている。得意先も楽しそうにやり取りして「また来てください」となる。こうしてあの自己紹介の発表以来、どんどんいい循環で瀬尾の周辺が動き出している。「叱られる瀬尾」から「可愛がられる瀬尾」に変わってしまった。

木下課長の周辺も自己紹介の発表以降、変化していた。まず木下課長自身が変わった。人前で部下を叱るようなことがなくなり、陰で怒っている様子もない。時々部下と話をする前にぶつぶつと何か言っているように見えるのは、ひょっとするとあの「3S」を呪文のように唱えているのかもしれない。「空気読めないKYの悪男」が「空気読めるKYの良男」に変わってしまったようだ。

部下も最初は恐る恐る様子を覗っていたが、雷を落とされることがなくなったのでちょっと拍子抜けしながらも安心している。雷を落とすどころか、場合によっては部下を気遣うような態度も見られる。確かに「パワハラ系」が「ハラハラ系」に変わっている。

釣りの趣味を打ち明けたことも大きかった。同じ趣味を持つ社員が木下課長の元に寄ってきて楽しそうに釣り談義をする光景が見られるようになった。以前にはそんなことは木下課長の周辺では起きたことがなかった。釣り仲間は少しずつ増えて社内に釣り同好会なるものまでできてしまった。皆に推されて「ツリーの木下課長」が世話役の会長にまでなっている。

とにかくそれまで人が寄り付くことがなかった木下課長に人が集まり、何か明るさとゆとりが出てきたような感じだ。人を急かせるようなこともない。得意先もそれを敏感に感じ取り「最近の木下課長、変わりましたね。なんか余裕を感じます」などと言われる。「ツリーの木下が釣りに時間を取られて『ハリー（針）』がなくなった」などというダジャレまで飛ばすようになってしまった。本人もまさか人前で自分がダジャレを言うような人間になるとは思ってもいなかった。セミナーを受けてダジャレ作りのコツが少しつかめたのかもしれない。

木下課長は自分が変わることで周りが変わっていくことを実感していた。

【まとめ】

・ダジャレは「ド＝同音」「レ＝連想」「ミ＝身近」です。自分の身近で同音の言葉を見つけ、身近な情報で連想を広げていけば新しい領域で楽しい自己紹介ができるようになります。これによって相手との距離が近付き身近な関係になれるのです

・不安、不平、不満などの「不」の情報は相手に後ろ向きの暗い印象を与える危険があるので自己紹介の時は避けます。しかしこれを逆手にとってダジャレやジョークで「不」を笑いに変えてしまうというテクニックもあります。「不」はダジャレによって「フッ、フッ、フッ」の笑いに変えるのです

・自分の名前にダジャレを入れれば、自己紹介のインパクトを強められ印象深さが増します。そのダジャレで笑いが起きれば更に相手の記憶に残るでしょう

・自分の身近な情報としては経歴や誕生日、干支、出身地、趣味、食べ物の好き・嫌いなどいろいろあります。オープンにしても良い個人情報があれば名前と組み合わせてオリジナルなインパクトのあるダジャレ入りの自己紹介にします

第2章

ダジャレの効果

・ここではダジャレを言うと「どんなメリットがあるのか」という「ダジャレの効果」について学びます
・どうすればダジャレの効果、機能をより発揮できるかを考えます
・「寒さ」をもたらすようなマンネリ化したダジャレを避ける工夫をします
・ダジャレの「ド＝同音」「レ＝連想」「ミ＝身近」に続き「ソ＝即効」「ラ＝楽笑」「シ＝進展」から即効性のあるダジャレでドッと笑いを引き起こし職場のコミュニケーションを進展させます

【戦略】 連続ワザでマンネリ化を防ぐ

5月22日 第2回セミナー（夕方5時50分）

第1回目のビジネスコミュニケーションセミナーから2週間後、第2回目のセミナーの開催日がやってきた。開始時間の10分程前、会議室にはすでに受講生達が全員揃っている。

前回のセミナーで講師の谷山《たにやま》と初めて接した受講生達は、ダジャレで笑いを取りながらもどこか堅く厳しそうな雰囲気のある谷山から「時間厳守」という暗黙のメッセージを受け取ったようである。日比野《ひびの》課長の事前のアナウンスも効いている。

開始5分前、谷山が会議室に入ってきた。

「そ、それではただ今から第2回目のビジネスコミュニケーションセミナーを始めさせていただきます。谷山先生、よろしくお願いします」

司会役の日比野課長が珍しく噛みながら開始を告げる。日比野課長もまだどことなく緊張しているようだ。

「はい、皆さん、こんばんは。なんか私の堅い雰囲気がまだ皆さんを緊張させてしまっているようですね。いつも落ち着かれている日比野課長が珍しく噛みました。でも日比野課長が噛んだのは私を歓迎してくれているからだと思います。どうしてかと言うと『ウェル・カム！』だからです」

いきなりのダジャレに受講生達がドッと笑った。2回目の開催で受講生達の緊張も少しほぐれてきているのかもしれない。皆、顔が上がっている。日比野課長も笑っている。

「はい。日比野課長のおかげで今日はツカミをうまく取ることができました。出足好調ですね。さぁ、今日のセミナーのテーマは『ダジャレの効果』です。ダジャレを言うと『どんなメリットがあるのか』ということですね。前回のセミナー後の瀬尾《せお》君、木下《きのした》課長の変化で実感した方も多いと思います。

まずダジャレがあると笑いという元気なエネルギーがその場で発散されるので、すぐに温かくなります。人間、温かくなれば緊張もほぐれて安心感が出ますね。ダジャレの最大の効果は瞬間的に笑いを起こせることです。私はこれを『瞬間〝愉〟沸かし』機能と名付けています。

人を笑顔にするワザはいろいろとありますが手っ取り早く笑いをもたらしてくれる術としては、ダジャレはかなりのパワーを持っていると思います。職場に笑い、笑顔が溢れれば仕事の効率が上がることは調査結果からも確認されています。笑うことが健康面にも良いことは医学的に証明されていますね。

ダジャレは『ド＝同音』『レ＝連想』『ミ＝身近』です。それで『ファ、ファ、ファ』と笑えるわけですが、実はその続きがあります。ドレミファの続きですから『ソラシド』ですね。これがダジャレの効果をよく表しています。『ソ＝即効』『ラ＝楽笑』『シ＝進展』です。『冴えたダジャレはすぐに効果が出て、楽しい笑いが起きて、場の雰囲気、コミュニケーションが明るく進展していく』ということです。『進展させたダジャレ』の即効で楽しい笑いを引き起こすと言ってもいいですね。そして『ドッと笑いが起きる』わけです。『暗く重たい空気をそらしてしまうから＝ソラシド』ですね」

とうとうダジャレで「ドレミファソラシド」が完成してしまった。

「さて、ちょっと発想を変えて『ダジャレの良さがよく分からない』『効果など期待できない』、もっと言えば『ダジャレなんか嫌い』という反対の見方、意見から『どうしてダジャレの良さ、効果が出ないのか』『失敗してしまうのか』と考えてみたいです。

どうでしょう。皆さんの中で『ダジャレのどこがいいのか分からない』『ダジャレは嫌いだ』という方はいらっしゃいますか？」

「はい！」と若い女性の声が会議室に響いた。

「今日もまた『しじま』がくるのかと心配していましたが大丈夫でしたね。『しじみ』の出番はありませんでした。えーと、お名前を言ってからお話ししてください」

谷山が嬉しそうに声を掛ける。

「はい。私は営業支援本部のマーケティング部に所属している吉本《よしもと》ユカリと申します。よ

ろしくお願いします。入社3年目です。実は正直に言いますと第1回目のセミナーに参加した前後で心境は微妙に違ってきているのですが、でもまだ『ダジャレ反対派』『ダジャレ否定派』です。

と言うのも私は普段家に居る時に父親から散々『寒くなるおやじギャグのダジャレ』を聞かされているからです。例えば『ダジャレを言うのはダレジャー』なんていう、しょうもないものばかりです。しかも家族の反応を無視して何度も何度も同じフレーズを繰り返します。家族はこれを無視していますが、それをまた父親が無視して言い続けています。そんな面白くもないダジャレをいつも言うことの何が面白いのかよく分かりません。

谷山先生、どうして『寒いおやじギャグのダジャレ』になってしまうのでしょうか？教えてください。シラケて、寒かったらダジャレの効果なんか全くないと思います」

吉本がちょっと興奮気味に思いの丈をぶつけた。

「はい、吉本さん、どうもありがとう。正直にご自分の気持ちを披露してくれました。やはり女性の中には『寒いおやじギャグのダジャレ』の被害にあっている方がだいぶいるみたいですね。

でも本当に悪いのは『寒いギャグのダジャレ』を言うおやじであって、ダジャレが悪いわけではないんです。言わせてもらえば『ダジャレも寒いおやじの被害にあっている』わけです。ダジャレを言うのならおやじにはもっとしっかりと勉強してもらわないといけません！」

谷山の語気が強くなる。

「あっ、すみません。『ダジャレを愛する者』として、ついつい寒いおやじに文句を言いたくなってしまいました。

えーと、吉本さんのお父さんはやはり完全に寒いおやじになっていますね。その場を明るく楽しい雰囲気にできるダジャレの効果が出ていないというか、面白くない、嫌われているということで、これは失敗例ですね。

どうして失敗してしまうのか。一つには吉本さんやご家族の方の気を引けていないからです。ご自分がダジャレを言うことばかりを優先してしまって周りが見えていないようです。ご本人は家庭内の雰囲気を良くしようとダジャレを言っているつもりでも聞く側への目配り、気配りができていないので相手の心に刺さらない、心を開けないわけです。自己満足で終わっています。

まぁ、私は吉本さんのお父さんと同じような年齢なので少し擁護して言わせてもらえば、お父さんはしょうもないダジャレを言うことで、家族の皆さんとコミュニケーションを図っているのだと思います。子どもが小さい頃は自分にもよく懐いて交流したはずだけど、成長しやがて独り立ちして自分から離れていってしまう。なかなか接点が見出せない中で何とか自分の方にも関心を寄せてもらいたい。だからダジャレを言うことでこちらを向いてほしいと思っているんじゃないんですかね。

もう一つは技術的というかテクニカルな問題です。『ダジャレを言うのはダレジャー』も初めて聞いた時は面白かったかもしれませんが、単にそれを繰り返すだけでは完全にマンネリです。

谷山からのアドバイス

『マンネリの寒いダジャレ』にならないようにするには『**レ=連想**』『**シ=進展**』で『**ピ=ピント**』**を合わせます**。これがマンネリ化防止の『レシピ』です。

単に一つのダジャレを繰り返すのではなく連想で進展、発展させていきます。吉本さんのお父さんが得意な『ダジャレを言うのはダレジャー』もそうして**進展させ、連続ワザにして畳み掛ける**とマンネリを脱して面白くなります。ダジャレの効果が出ていない時はそうして変化を付けることが大切です。

吉本さんも今度、ご自身で冴えたダジャレを言ってあげたらいいかもしれませんよ。お父さんはびっくりして黙ってしまうでしょうね。

「谷山先生、私からもちょっと質問させていただいてよろしいですか？」

突然、司会役の日比野課長が手を挙げた。

「今の話に関連するのですが女性とダジャレはあまり馴染みがないと思いますが、女性が職場でダジャレを言っても効果があるのでしょうか？」

「はい、私は大いに効果があると思います。女性はダジャレを聞くばかりでほとんど言う人はいません。それだけに職場で女性から冴えたダジャレが出たら意外性があって皆が注目します。寒いおやじギャグのダジャレにうんざりしていた女性や若手社員が拍手喝采しますよ。おやじが言うより何倍も盛り上がると思います」

谷山は我が意を得たりとばかりに「女性へのダジャレの勧め」に力が入る。

「寒いダジャレを飛ばしていたおやじもびっくりするでしょうね。自分よりレベルの高いダジャレを女性に言われたら、それこそ『しじま』状態になってしまいます。女性から笑いを取りたいと思っているおやじが、その女性から自分を超えるダジャレを見舞われてしまうわけですから。武器が威力を発揮しないままに返り討ちにあうようなものです。それも楽しいですね。

とにかくダジャレを言いたいおやじはまず自分のダジャレのレベルを上げて女性に笑ってもらえることを目指さなければなりません。女性が笑えば男性も笑い、職場はさらに華やかに明るくなります」

【失敗の分析】

「ダジャレの効果なんか期待できない」「ダジャレは嫌いだ」と否定的な女性や若手社員の多くは、往々にして「寒いおやじギャグのダジャレ」の被害にあっています。「寒いおやじギャグ＝ダジャレ」という評価になっているのです。

悪いのは「寒いギャグのダジャレを言うおやじ」であって、決してダジャレが悪いわけではありません。ダジャレも寒いおやじの犠牲になっているのです。ダジャレも寒いおやじのせいで震えています。

ダジャレが「寒いおやじギャグ」になってしまうのは、一つ覚えの単純なダジャレを周りに気配りすることもなく自己満足で繰り返すからです。

【成功への対応】

「寒いおやじギャグのダジャレ」を改善するには、一つ覚えのダジャレを進展させて連続ワザにして変化を付けることです。そうすることによってこれまでにない新鮮味を出せます。

「ソ＝即効」「ラ＝楽笑」「シ＝進展」がダジャレの効果です。進展させた即効性のあるダジャレで楽しい笑いをドッと引き起こし職場でのコミュニケーションを進展させます。

「レ＝連想」「シ＝進展」で「ピ＝ピント」を合わせればマンネリ化したダジャレのボケも止まります。それがマンネリ化防止の「レシピ」です。

連続ワザを生み出すにはダジャレを会話形式で考えて作ると効果的です。それで畳み掛けます。

5月29日　第2回セミナー後　日比野課長のデスク

「日比野課長、お忙しいところをすみません。ちょっとお時間をいただけるでしょうか？」

第2回のセミナーが開催された翌週のある日、日比野課長の席に吉本ユカリが訪ねてきた。

「先週のセミナー、ありがとうございました。なんかビジネスにダジャレを活かすセミナーなんて想像もできませんでしたが、聞いてみると結構面白くて役に立ちますね。谷山先生に質問させていただいてよかったです。あの後、先生に言われたことを参考にして父親にどう対応するかよく考えてみました」

「あれはいい質問だったわね。吉本さんのお父さんの問題だけではなくて『寒いダジャレを言うおやじ』全体の話だったから私もとても興味があったわ。それで、お父さんとはどんな展開になったの？」

日比野課長も興味津々である。

「はい、まず父親に対抗するには先生に教えていただいたように、父親が得意な『ダジャレを言うのはダレジャー』という一つ覚えのダジャレを進展させて会話仕立てで連続ワザにしたほうがいいと考えました。父親は決まり切ったように『ダレジャー』と言ってくるので、まずその『ダレジャー』が『誰なのか』を会話で応えてみることにしました。

後ろに『ジャー』が付くような『誰か』がいないか……。いろいろと調べたら『ソルジャー』という言葉が見つかりました。これは『闘う人』『戦士』のことなんですね。でも『ダレジャー』と言われて『ソルジャー』と言って終わったのでは全然面白くないので『ソルジャー』をもう一ひねりしてみたんです」

「へー、面白そうね。それでどんな会話に仕立てたの?」

日比野課長も先を知りたがる。

「はい。ちょっと通して言ってみますね。父親が性懲りもなく『ダジャレを言うのはダレジャー』と言ってきた後ですね」

「そりゃ『闘っている人ジャー！』」

「そりゃ『ダレジャー？』」

「『ソルジャー！』」

「私もお父さんと闘って、背中を『ソルジャー！』」

それを聞いて日比野課長は思わず「プゥー」と口に手を当てて笑ってしまった。しばらくして笑いが収まったようで、やっと口を開く。

「なんかすごくおかしい！　よくそんな会話を考えついたわね。それでお父さんの反応はどうだったの？」

「はい。父親はいつもの『おかえり』の挨拶代わりに、私の顔を見るなり案の定『ダジャレを言うのはダレジャー』と言ってきました。いつもの私なら当然それを無視して素通りするところを『お父さん、一つ覚えのダジャレばかり言っていないで、たまには工夫してみたらどうなの！　私だってこんなダジャレが言えるんだから』って、さっきの連続ワザを言ったんです」

「ホッ、ホッ、ホッ。お父さんびっくりしたでしょう」

日比野課長がまた笑う。

「はい、開いた口が塞がらない状態でしばらくポカンとしていました。私はすかさず言いました。『お父さんに『しじま』が訪れました。この『しじみ』で解消してください』と谷山先生直伝の乾燥しじみを一袋あげました。連続ワザと『しじま・しじみ』に父親もすっかり参ったようでした」

吉本は得意気に父親の様子を話す。

「でもよっぽど悔しかったとみえて、翌朝『しじみはしみじみ効いたよ』と笑いながら言ってきました。父なりに一つ覚えを変えようと一晩考えたんでしょうね。私もまたすかさず『次はしじまの解消にしじまち（指示待ち）はダメよ』と言っておきました」

「ホッ、ホッ、ホッ。ほんとおかしい！」

日比野課長がまたまた笑う。普段こんなに笑うことはない。

「あっ、それと新たな発見もあったんです！　父が『ユカリは俺に似てダジャレのセンスがあるようだな。やはり名前の付け方がよかったんだ』って言うんです。『俺に似て』というのは心外でしたけど、何でユカリの名前がダジャレと関係しているのか初めて知りました。

どうやら父が仕事でオーストラリアに赴任している時に私が生まれたようなんですが、あのコアラが好きなユーカリから私の名前を考えたみたいです。『ユーカリにユカリ（縁）がある』なんてまたダジャレを言っていましたけど。わが家の庭に『ユーカリレモン』というレモンの香りがする木が植わっているんですが、それも私の誕生を記念して植えたそうです」

吉本は新発見に饒舌になる。

「吉本さん、お父さんと楽しい、素晴らしい交流ができたじゃない！　よかったわね」

「はい。それにしても日比野課長、ダジャレって、結構パワーがあって面白いですね。ちょっと見方が変わりました。私、だんだんと『ダジャレ反対派』じゃなくなるかもしれません。ありがとうございました」

吉本は嬉しそうに元気良く席を立っていった。

残された日比野課長はそこでしばらく考え込んでしまった。

吉本のあんなにいきいきとした表情を見たのは入社以来、初めてのことだった。たぶん父親とうまく交流できたことが原因であるのに違いないが、そのきっかけとなったのはダジャレである。それこそ「ダジャレが取り持つ縁」が好結果を生んでいるように感じる。

瀬尾にしてもそうだ。あのダジャレ入りの自己紹介を営業会議の冒頭でうまく発表できて以来、人が変わってしまったように自信に溢れた態度になっている。諸先輩が瀬尾に親しげに話し掛けてコミュニケーションがよく取れている。

日比野課長の考えが続く。

木下課長もあんなにパワハラ系で部下を叱り飛ばしていたのに今では親身になって相談に乗っている。なんやかんや木下課長の周りに人が寄ってきて笑いながら話をしている。

とにかく少しずつではあるもののセミナーを開催してから社内で笑い声が聞こえるようになった。そんなことは去年まではなかったことだ。

確かにどちらかというといつも職場には暗く重たい空気が流れていて、決して楽しくて行きたくなるような会社ではなかった。若手社員が辞めていくのも何となく分かるような気がした。若手の教育担当の日比野課長にしてみれば自分の責任のように感じられてつらい1年だった。

それがこの春先にセミナーを始めてからは若手社員の反応を含めて何かが少しずつ変化してきている。

「これがダジャレによる笑いがもたらす効果なんだろうか」

日比野課長はそう考えざるを得なかった。

「これで業績も上向いてくれるといいんだけど……。確か先生はダジャレによる笑いの効果で仕事の効率が上がると言われていたから期待できるかもしれない」

【まとめ】

・ダジャレは「瞬間〝愉〟沸かし」です。冴えたダジャレは一瞬でその場に笑いと明るさをもたらします

・ダジャレの効果は「ドレミファ」の続きの「ソラシド」の音階で言い表せます。それは「ソ＝即効」「ラ＝楽笑」「シ＝進展」です。そしてドッと笑いが起きます。即効力のあるダジャレが楽しい笑いを引き起こし、職場の身近な人との交流を進展させます

・ダジャレなどで笑いの起きる職場は仕事の効率が良いという調査結果もあります。仕事の効率がよければ会社の業績も良くなります

・ダジャレなどで笑うことは健康にも良いことは医学的に証明されています

・会話仕立てでダジャレを考えると連続ワザになります。連続ワザで畳み掛けると笑いが継続して大きくなります

・ダジャレを会話仕立てで「連想＝レ」して「進展＝シ」させると「ピント＝ピ」が合いマンネリ化を防ぐことができます。それがマンネリ化防止の「レシピ」です

・女性や若手社員がダジャレを言って笑いが起きるようになれば、職場が華やかになり活気付きます。男性社員も張り切ります

第3章

ダジャレの目的

・ここでは「何を狙ってダジャレを言うのか」という「ダジャレの目的」について学びます
・「ダジャレの目的を達成できない」「狙っているものが得られない」という逆説的なアプローチから「ダジャレの目的」を考えます
・「何を狙ってダジャレを言うか」「どうしてコミュニケーションを取ろうとするか」を根本から確認します
・「やめておいた方がいいダジャレの題材」について学びます

【戦略】 笑いを起こし緊張をほぐす

6月5日 第3回セミナー

6月上旬、第3回目のビジネスコミュニケーションセミナーの日が来た。会議室の机の配置がこれまでとは異なっている。スクール形式を変えて、受講生達が向かい合って座れるように机を付けた、にわか仕立てのテーブルが4つ配置されている。班形式となっているようだ。

定刻5分前。講師の谷山《たにやま》が会議室に入ってきた。受講生達が拍手で迎える。前回までは谷山が入室しても拍手は起きていなかったはずだ。受講生達も谷山やセミナーの雰囲気に慣れてきたのだろう。

「はい、皆さん、こんばんは。谷山です。前回のセミナーからあっと言う間に2週間が過ぎてしまいました。今日は前回までとは室内の景色がかなり違いますね。

実は私からお願いして、このように班形式のテーブル席にしてもらいました。この方がお互いの顔が見やすいし表情も分かりやすい。実は今日は即席で編成した班ごとにいろいろと議論してもらい、皆さんからも発表していただこうと考えました。私が一方的に話すのではなく、皆さんとの双方向で講義を進めたいと思いますのでよろしくお願いします」

「双方向」という言葉に早くも過敏に反応する受講生達もいる。

それを感じ取ったのか谷山が柔らかい表情になって続ける。

「今日でこのセミナーは3回目ですが、私はずっと感心していることがあります。それは皆さんがこうして時間厳守できちんと定刻前に会議室に集まっていることです。皆さんは決められた時間をきちんと守るというビジネスの基本ができていますね。私としてもとてもやりやすく、ここが快適な場となっています。

『定刻』で始まるから、まるで『帝国ホテル』にいるみたいです」

「どこでツカミのダジャレが出るか」と期待あるいは警戒していた受講生達は「来た、来た！」とばかりに顔を見合わせてドッと笑う。

お互いが向かい合った座り方になっているのも何となく気持ちを開放的にしているようだ。

「前回の『ウェル・カム』程ではありませんでしたが、何とか今回もツカミを取れました。さて今回のテーマは『ダジャレの目的』です。

『ダジャレの目的』というのは言い換えれば『何を狙ってダジャレを言うのか』ということですね。これを皆さんにそのまま聞けばそれなりに『回答』が『解答』として返ってきそうです。たぶん人の答えを盗む『怪盗』はいないでしょう。ナイスな『快投』や疑問が解消される『解凍』があったら面白いですね」

谷山のダジャレが受講生達を容赦なく襲う。

「冗談はさておき、ここでも前回同様に逆説的に『ダジャレの目的が達成できない』『狙っているものが得られない』ケースを考えてみましょう。そうすることによって、よりダジャレの『目的』や『狙い』をはっきりさせられます。

要するに『失敗例』ですよね。『私はこんなことを狙ってダジャレを言ったけど、その狙いが外れた』『本当はこうなってほしかった』ということです」

「これから皆さんに10分の時間を差し上げます。班ごとにそれを議論してみてください。自分がダジャレを言う人は自分の失敗談になりますね。ダジャレを言わない人はダジャレをよく言う人が失敗した時の目撃談、または自分が言われて味わった屈辱の体験談でも結構です。いろいろしょうもないダジャレを飛ばす寒いおやじが登場するかもしれません。個人の名誉のために具体的な名前を挙げるのは遠慮してください」

受講生達はいよいよ自分達の出番が来たかとお互いの顔を見合わせる。

「そもそも『何を狙ってダジャレを言うのか』『どうしてコミュニケーションを取ろうとするのか』という根本的なことも考えてみてください」

班長はA班が日比野《ひびの》課長、B班が木下《きのした》課長、C班が営業中堅の平川渡《ひらかわわたる》、D班も営業中堅の大堀裕次郎《おおほりゆうじろう》である。

開始してしばらくはどう議論したら良いのか分からないようで会場内は静かだったが、時間が経つにつれて議論が活発になり、あっと言う間に10分が過ぎた。

各班の議論を取りまとめて班長が発表していく。

「何を狙ってダジャレを言うのか」「どうしてコミュニケーションを取ろうとするのか」

という根本的なことについては、各班とも答えは共通していた。

「職場の暗い雰囲気をダジャレで笑いを起こして打ち破りたいから」

「コミュニケーションを円滑にすれば気持ちが楽になり仕事がしやすいから」

と答えが返ってきた。


失敗談に関しては今までダジャレが出るような会社ではなかったのでなかなか具体的な話にはならず、唯一C班の班長の平川渡だけ、発表をすることになった。

「私は普段お調子者なのであまり相手や周りのことを考えずに思い付いたダジャレをすぐに言ってしまい、結構ひんしゅくを買っています」

平川は神妙な顔をして話し始める。

「これまでで一番こたえたのは10年程前、もう今は退職した当時の上司にあたる部長に対して安易にダジャレを言ってめちゃめちゃ怒られたことです。この元部長はパワハラの権化のような人でした。木下課長の比ではありません。

ある日、仕事でミスをした私の同僚を罵倒していたので、見るに見かねてついつい言ってしまったんです。

『部長、そんなにやたら叱ってばかりいないで、もう少しハゲマシたらいいじゃないですか！　あんたの頭のように！』

その部長はその頃、頭の毛がどんどん薄くなってハゲが増していて非常に気にしていたので、私の一言が見事に刺さってしまいました。その後は怒りの矛先が私の方に向かってきてボコボコにされて大変な目にあいました。

結局、根に持つタイプのパワハラ部長が退職するまで私は会社で干され続けました。やはり人が容姿で気にしているところを、というか弱点やコンプレックスをダジャレにしてはまずいですね」

退職したその部長を知っている受講生達は平川の話を聞いて大笑いしたいところだったが、真面目なセミナーの席なので皆、懸命に笑いをこらえている。

その中で一人、木下課長は気まずそうに平川から目を背けた。

平川の失敗談は他にも下ネタ系のダジャレで女性社員からひんしゅくを買ったり、女性社員の歳を話題にしたダジャレでからかって機嫌を損ねたり、健康に不安を抱える先輩に向こう見ずなダジャレを飛ばして叱られたりといろいろあった。

平川のそうした失敗談で会場はそれとなく盛り上がったが、いずれも配慮を欠いたダジャレで相手を傷付けた失敗談だから決して推奨できるものではない。

谷山は各班の発表が終わったところで本日のセミナーのまとめに入った。

「そもそも『何を狙ってダジャレを言うのか』『どうしてコミュニケーションを取ろうとするのか』という『目的』については皆さんが発表してくれた通りです。ダジャレによって職場に笑いが起きれば雰囲気が明るくなり風通しも良くなります。『同じ釜の飯を食う仲間』としては気心が知れて仕事がやりやすくなるからですね。ダジャレで笑って心が開放されれば、人間関係、コミュニケーションが円滑になることを期待できます。

私は『ダジャレの目的』は『あいうえお』だと思います。『あ＝明るさ・安心感を出す』『い＝萎縮させない』『う＝運気を上げる』『え＝笑顔の縁を広げる』『お＝温和・大らかにする』ですね。冴えたダジャレで明るくなればそこで働く人に安心感が出て、変に萎縮することもありません。

社員のやる気が出るので『運気を上げる』、つまり会社の業績アップも期待できます。笑顔が広がることで働く人や場の雰囲気を温和に、大らかにすることができます。

まあ、これはダジャレを言う時の心構えのようなものです」

木下課長がいかにも管理職らしく頷いている。

「そしてこうした目的が達成されれば楽しい結果が得られるわけです。『楽しい』の『楽』の字は『楽《ねが》う』とも読めるんですね。できれば『人と楽しく交流して過ごしたい』と『楽《ねが》う』のは多くの人の思いなのではないでしょうか」

初めて聞く説明に受講生達の多くが引きつけられる。

「皆さん、ぜひこの『あいうえお』を意識してダジャレで笑いを引き起こすことに取り組んでみてください。そうすれば目配り、気配りが利いた楽しいダジャレになるはずです。平川君のような失敗を避けることができると思います」

谷山からのアドバイス

実は『やめておいた方がいいダジャレの題材』というのがあるんです。私も平川君と同じように若い頃はさんざん向こう見ずな配慮のないダジャレでひんしゅくを買いました。その経験からダジャレには避けた方がいい題材があることを学びました。

それはまさに『よしとけ！』なんです。

つまり**『よ＝容姿』**、**『し＝下ネタ』**、**『と＝歳』**、**『け＝健康』**のことです。自分のことを取り上げた自虐的な『自ギャグ』なら別ですが、他人のことをこれらの題材でダジャレにすると往々にしてひんしゅくを買って失敗します。人をひどく傷付けてしまう危険性もあります。相手は『からかわれた』『馬鹿にされた』と思ってそれこそ、先ほどの元部長のように怒ります。
ダジャレで『笑いが起きる』はずだったものが、パワハラやセクハラで『訴訟が起きる』などという笑えない話になることもあります。先ほどの平川君の失敗談を聞いていたら見事にこの『よしとけ！』を『よしとかない』で配慮なくダジャレにしてしまった結果なんですね。

………………………………

「とにかくダジャレは相手や周りに目配り、気配りして、先ほどお話しした『あいうえお』を意識して放ってください」
という谷山の言葉に、平川は大きく頷いた。

【失敗の分析】

「やめておいた方がいいダジャレの題材」を知らずにダジャレを言うと人を傷付けてしまう危険があります。

「やめておいた方がいいダジャレの題材」とは「よしとけ！」です。

「よ＝容姿」人の弱点、コンプレックスに触れる危惧があります。

「し＝下ネタ」女性を中心にひんしゅくを買う危険があります。

「と＝歳」特に女性に対しては要注意です。

「け＝健康」健康を害している方を話題にするのはやめたほうがいいです。

自虐ネタでならともかく、人に向かって言うダジャレの題材としてはあまり適していません。

【成功への対応】

「やめておいた方がいい題材」を避けてダジャレを言うようにします。

「あいうえお」で言い表すことができる「ダジャレの目的」を意識して目配り、気配りしてダジャレを言います。

「あいうえお」とは「あ＝明るさ・安心感を出す」「い＝萎縮させない」「う＝運気を上げる」「え＝笑顔の縁を広げる」「お＝温和・大らかにする」のことです。ダジャレを言う時の心構えとも言えます。

ダジャレによって起きる笑いは職場に明るさを生み、安心感をもたらします。

安心感が広がれば緊張感から解放され、気持ちが変に萎縮することはありません。

そうしてのびのびと仕事ができれば業績、運気も上がります。

ダジャレによる笑いは周囲に伝播し職場に笑顔が広がります。

笑顔の縁が広がれば人は温和で大らかな気持ちになれます。

6月7日 営業第3部　平川のデスク

第3回目のビジネスコミュニケーションセミナーが終わった後、平川は谷山の講義内容を何度も思い返していた。特にダジャレの題材として避けた方がいい「よしとけ！」が印象強く頭に残った。

叶うべくもなかったが、10年前にこれを学んでいたならば自分のその後の歩み、ビジネスマン人生も少しは変わっていたかもしれないと思うばかりであった。

とにかく元部長の容姿を題材にした「ハゲマス」のダジャレが会社での歩みの分岐点となってしまった。その〝事件〟を契機に平川のダジャレはやけ気味になったのか、それこそ「よしとけ！」を題材にした、どこか引っ掛かるものが多くなった。そんなこともあって営業成績はいいものの、職場の中では周りからちょっと浮いた存在となっていた。

週末前の夕方、木下課長は別のフロアにある平川の席を訪ねた。セミナーでの平川の発表に木下課長は思うところがあるようだった。

平川と木下課長は同期入社で仲が良く、優秀な二人は仕事でも競い合っていた。よきライバルの関係だったが二人の仲を裂き、疎遠にしてしまったのは「ハゲマス事件」そのものだった。実は元部長から厳しいパワハラを受け、平川のダジャレによって助けられた同僚とは他でもない木下課長であった。その後平川は元部長に干され続け、二人の関係、歩みは大きく変わってしまった。

木下課長は元部長の推しもあり早々と昇進した一方、平川は長年平社員のままであった。社内ですれ違ったり、会議で同席することがあっても何となく気まずさを引きずっており二人が会話することはなかった。

「こうして話すのは何年ぶりかな……」

木下課長がぎこちなく話し始める。

「たぶん10年ぶりくらいだろう」

平川も緊張気味だ。

「そうだな。ほとんどあの『ハゲマス事件』以来だからな。それにしても、よくこの間のセミナーで『ハゲマス事件』のことを話題にしたな」

木下課長は二人の間では禁句とも言うべき事件に触れる。

「あぁ、10年経って元部長も既にいないし、もう時効かなと思って……。ビジネスコミュニケーションセミナーがいいきっかけになったよ。

谷山先生が言っていたように、あの頃は何も知らないでダジャレを飛ばしていたなぁ。ほんとにあれは『よしとけ！』がハマってしまったんだな」

平川はトラウマを回想する。

「でも……あれは俺を助けるために言ってくれたんだよな」

木下課長はこれまで言えなかったことを口にする。平川は木下課長が訪ねてきた訳を察した。

「いや、お前がめちゃめちゃ怒られているのを見るに見かねて、ということもあるけど、結局、あの凍りついた空気を何とか壊したいという自分の気持ちが抑えられなかったんだな」

「俺は嬉しかったけど、お礼が言えなかった……」

「まぁ、あれはどうしようもなかっただろう」

二人の間でやっとトラウマの「ハゲマス事件」のわだかまりが消えていくようだった。

「ところで先日の自己紹介の発表、あれはよかったな。面白かった！　お前にあんなダジャレのセンスがあるとは思ってもいなかった」

平川が感心して話す。

「いやぁ、あれはビジネスコミュニケーションセミナーでダジャレの使い方を教えてもらったおかげだよ」

木下課長も平川に褒められて嬉しそうだ。

平川の気付き

俺、先週のセミナーの後、いろいろと考えたんだ。谷山先生に教えてもらってダジャレの『よしとけ！』題材はよく分かったけど、逆にお勧めの題材は何だろうかって。

一つはお前の自己紹介の中にもあったけど『趣味』だと思うんだ。趣味に関するダジャレなら言う方も聞く方も楽しいし気楽にしていられる。お前も釣りの話でダジャレを言っている時はいきいきとしていた。あの発表を聞いて思い付いたんだ。俺だって自分の趣味のゴルフでダジャレを言っている時はめちゃめちゃ楽しいし。まして同じ趣味の人間がいればすごく盛り上がる。

それともう一つはちょっと堅い話になるけど『時事ネタ』だと思う。時事問題なら旬の話題だし皆の関心も高い。『よしとけ！』の題材だとどうしても話が個人に関わったり内向きになる傾向があるけど、時事ネタなら視線や発想が外向きになる。

始めの方で習った『ダジャレはドレミ』の『ミ』の『身近』からは離れるけど、そういう視点も大事だと思うんだ。ビジネスコミュニケーションとしてのダジャレにはうってつけだな。いろいろ新聞やテレビでニュースを見たり、ネットで情報収集したりで勉強になるし知識が身に付く。

さらにもう一つあるんだ。それは『魅力』じゃないかと思っている。『よしとけ！』だとどうしても人の弱点とか気に障るところを取り上げてしまう危険があるけど、『魅力』なら長所だからその人を褒めることになる。人間誰しも褒められれば嬉しいし、何か明るく楽しい気分になれる。

実は今言った『趣味《しゅみ》』『時事《じじ》』『魅力《みりょく》』の三つの頭文字を取ると『しじみ』になるんだ！

…………………………………………………………………………

木下課長は驚く。

「えっ、その『しじみ』って、谷山先生が最初の講義の時に『しじまを破る特効薬』みたいにツカミ的に言っていたやつだよな」

「そうなんだよ。次回のセミナーで谷山先生が『よしとけ！』の題材の反対で『お勧めの題材』として紹介するのではないかと思っているんだ」

平川は早くも次回のテーマの「ダジャレの作り方・使い方」に意識が向いている。

「なんか勝手に考えて感心しているのかもしれないけど、谷山先生はやっぱりすごいな！俺、先生に弟子入りしたくなったよ」

ダジャレに関心がある平川は興奮気味である。いかにもお調子者の平川らしい。

「でも我々は受講生だから今でも十分弟子ってことになるだろう」

木下課長が嗜《たしな》める。

「いやいや、先生の話をもっと聞いてレベルを上げたいと真剣に考えているんだ。何とか一番弟子というか内弟子みたいになりたいと思っちゃったよ。内弟子になれるくらいにレベルを上げるから『デシベル』だな」

平川は突然奇妙なダジャレを口にする。

「ハッ、ハッ、ハッ。『デシベル』は面白い。何デシベルにまでなったら内弟子のレベルと言えるのかな。それにしてもお前、やけに気合が入っているね」

もう木下課長も平川をお前呼ばわりだ。すっかり昔に帰っている。

「いや、何とか先生の内弟子になりたいな。デシベルで合格のベルが鳴るといいな」

平川は真顔だ。

「おっと、いかん。もうこんな時間だ」

木下課長が時計を見る。

「ほんとならどこか近くで一杯飲みながら話してもよかったんだけど、久しぶりなんでなかなか外には誘えなくてな。それにお酒が入って、あらぬ方向に話が展開したらまずいと心配したりして……。でも、もうこれでトラウマも消えたから今度は飲みながら話せそうだ。昔みたいに」

「おぅ、そうだな。ぜひぜひ」

二人は起ち上がり、どちらからともなく握手した。

平川はビジネスコミュニケーションセミナーでダジャレを学んだことで心が開けただけでなく、「同期の木下との復縁」という大きなおまけまで付いてくるとは思ってもみなかった。何かこれから自分の運気が上がるような気がしてきた。ダジャレの効果の「あいうえお」がじわりと自分に押し寄せてくるような、そんな不思議な感覚がした。

【まとめ】

・ダジャレで笑いを起こせば緊張がほぐれ、職場の雰囲気を変えることができます
・ダジャレによる笑いでコミュニケーションを円滑にすれば気持ちが楽になり、仕事がしやすくなります
・「やめておいた方がいいダジャレの題材」は「よしとけ！」です。「よ＝容姿」「し＝下ネタ」「と＝歳」「け＝健康」をダジャレのネタにすると、人を傷付けるなど大失敗する危険があるので控えたほうが賢明です
・特に人の容姿をダジャレのネタにすると、相手はからかわれたと思いトラブルとなる危険があります。容姿をダジャレの題材にするのは自分（自虐）限りにします
・「ダジャレの目的」は「あいうえお」です。「あ＝明るさ・安心感を出す」「い＝萎縮させない」「う＝運気を上げる」「え＝笑顔の縁を広げる」「お＝温和・大らかにする」ことを意識してダジャレを言います。そうすれば目配り、気配りの利いたダジャレとなり明るく楽しい雰囲気になります

第4章
ダジャレの作り方・使い方

【戦略】 スマホを活用し視野、領域を広げる

・ここでは「ダジャレの作り方・使い方」を学びます
・ダジャレを作る時の「お勧めの題材」を確認します。この題材で実際にダジャレを作ってみます
・ダジャレで笑いを起こす方法が分かります

6月19日　第4回セミナー（最終回）

定刻5分前、判で押したような正確さで谷山《たにやま》が会議室に入ってきた。受講生達の拍手で迎えられる。最終回だからなのか拍手が大きく感じられる。

「はい、皆さん、こんばんは。また2週間が経ってセミナーの日がやってきました。今日は集大成として『ダジャレの作り方・使い方』を皆さんで勉強していきたいと思います。ダジャレを使ってうまく笑いを起こすには、オリジナリティの高い意外性のある冴えたダジャレを作ることが大切です。その『ダジャレの作り方』について学習しましょう」

受講生達も最後の講義を前に真剣な眼差しだ。

「今日も机の配置は前回と同様にテーブル式ですね。たぶん皆さん、別に決められているわけではないのに前回と同じ席に即、座られたと思います。ですから『即席』『即座』ですね。このあっと言う間の『即席』『即座』の早業はダジャレに通じます。即席麺、インスタントラーメンならできるのに3分必要ですが、冴えたダジャレなら3秒もあれば即席、即座で笑いができます。冴えないダジャレは笑いの出来が良くないので生煮え状態ですね。こちらは恥ずかしくて顔がまっ赤になるから『即赤面』です」

ツカミ的に言った谷山のダジャレがちょっと説明調だったのでピンとくる受講生達は少なくあまり笑いが起きない。お互いに最終回の堅さがあるのかもしれない。

「最終回なので私も堅さが出てツカミのダジャレは失敗しました。ダジャレは難しいですね。あまり出来が良くなく笑いが取れなかったので恥ずかしい。恥ずかしさで顔が赤くなりました。私も『即赤面』です！」

ダメ押しのダジャレに今度は受講生達からかなりの笑いが起きた。

「さぁ、今日の講義を始めましょう。今日のテーマは『ダジャレの作り方・使い方』です。ダジャレを作る時の『お勧め』の題材について伝授しちゃいましょう。『お勧め』ですから、これは前回伝授した『よしとけ！』の逆です。実は私もびっくりしたんですが、この『お勧め』題材についていち早く気付いた人がいます。平川《ひらかわ》君です！

平川君はどうやら自分が苦い思いをした『よしとけ！』から頭を逆に働かせて、この

『お勧めの題材』を思い付いたそうです。それは『しじみ』なんです」

谷山がこう言うと受講生達はまた『しじみ』が登場したのに驚く。

「そう、また『しじみ』なんですね。これは『し＝趣味』『じ＝時事』、そして『み』についてては私と平川君とでは違っていました。平川君が考えたのは『み＝魅力』でした。私が考えたのは『み＝味覚』でした。たぶん平川君は元部長の容姿をからかって痛い目にあった経験から反省の意味も込めて『み＝魅力』を思い付いたのでしょう。私の『み＝味覚』は単純に食いしんぼうで飲食が好きだからです」

二つの「み」の登場を予想していなかった受講生達は感心している。

「平川君の『み＝魅力』でも、私が考えた『み＝味覚』でもどちらでもいいんです。とにかくダジャレを作る『お勧めの題材』は『しじみ』なんです。それにしても平川君。よく『しじみ』を思い付きましたね」

谷山は平川に向かって拍手する。受講生達もその話に感心して拍手する。平川が照れる。

「あっ、平川君が照れて『即赤面』になりましたね」

この谷山の一言に皆が笑う。

それにしても「しじみ」にそんな意味があったとは……。谷山の真似をしてせいぜい「しじまち」くらいのダジャレを言って父親にしじみを渡した吉本《よしもと》もびっくりしている。吉本も父親と同じようにしじみのパワーを「しみじみ」と感じている。

「ここでも『しじみ』のパワーが確認されましたね。『しじみ』は単に『しじま』を破るためだけのものではなく、ダジャレを作る際の『お勧め』の題材なんです。

さぁ、これから皆さんにまた10分を差し上げます。班ごとにこれまで学んだことを参考に議論してダジャレを作ってみてください。後ほど発表していただきます。その出来映えを私が評価します。それでは始めてください」

受講生達は谷山から学んだポイント、コツを確認しながらダジャレ作りを始めた。わいわいガヤガヤと部屋の中が騒がしくなる。谷山はそれをにこやかに眺めていたが、ふと気になるテーブルに目が留まる。日比野《ひびの》課長が班長を務めるA班だ。

日比野課長が班員の女性と一生懸命に話をしているのだが、何か噛み合っていないようだ。他の班員は議論に加わることもできずに、ちょっとシラケ気味にそれを眺めている。

10分があっという間に過ぎた。


「はい、それではA班から順に作ったダジャレを発表してもらいましょう」

班長の日比野課長が立ち上がる。

「実は私達の班はダジャレを作る作業が進みませんでした。私と香村《こうむら》さんとの意見が対立してしまって。私は、時間もないし基本的なことなのでそれぞれの自己紹介をダジャレで作ることを提案しました。しかし香村さんは『ダジャレで笑いを取ったり、明るさを出すことなどは自分にはできない。格好悪い！』ということで猛反対されてしまいました。私は『ダジャレを学ぶセミナーに参加しているのだから作る努力をするべきだ』と話しましたが、『そんなおやじギャグのダジャレなんか作れない。私のスタイルに合わない』との一点張りで意見が噛み合いませんでした」

この最終回にきて、そもそも論になってしまっている。

香村かおるは入社7年目で営業第4部にいる。瀬尾《せお》と同じ部だ。日比野課長とはちょうど一回り違う年齢である。おしゃれで颯爽としていて格好いい。クライミングジムに通うスポーツウーマンである。最近はタピオカミルクティーとワッフルにハマっているらしい。

香村が立ち上がる。

「私はダジャレはおやじギャグだと思っているので自分がそれを言うことなどできません。笑いや明るさはコミュニケーションを取るのに大切だと思いますが、それをダジャレに頼らなくても私にはできます。これまでもそうしてやってきました」

悪びれることもなく堂々と主張している。明るく颯爽とした行動派なのでそれなりの自信もあるようだ。

谷山はニコニコしながら香村の意見を聞いてこう言った。

「香村さんは別に笑いを起こすダジャレの効果そのものを否定しているのではなくて、『自分では作ったり、言ったりすることができない』という意見なのだからそれはそれでいいと思います。誰もがダジャレを言うのが得意なわけではないですからね。聞いて笑ってくれる人も大事なんです。でも冴えたダジャレでないと笑ってくれません。ですから香村さんのような方がいてくれたほうがダジャレを言う人のレベルが上がるんです。香村さんのような素敵な女性が笑ってくれるなら男性陣も大いに張り切ってダジャレを言うようになりますよ。ありがたいですね」

香村は「我が意を得たり」という顔でまた立ち上がる。

「はい。冴えたダジャレを聞くのは好きです。先生が前に言われた『ウェル・カム』なんかとても面白くて笑いました。でも自分では言えませんし、言いません！」

日比野課長の「噛み」を題材にしたダジャレが香村にはウケたようだ。

「さぁ、皆さん、続けますよ。A班にはまた後で発表してもらいます。とにかく皆さん、香村さんが笑ってくれるような冴えたダジャレを発表してください！」

「あんなふうに人を褒めながら納得させてしまうなんて……。とても私にはできない」

日比野課長は自分の未熟さを痛感した。谷山に助けられホッとすると共にこの失敗を次に活かさなければいけないと思った。

「自分は香村さんとは違うんだからとにかくセミナーで学んだことを活かして一つでもダジャレを作って思い切って言ってみよう」

日比野課長は覚悟を決めたようだ。一方で勇気を振り絞って皆の前でダジャレを「言うこと」の難しさもひしひしと感じながらの決断であった。

【失敗の分析】

必ずしもダジャレが好きな人ばかりではありません。ダジャレを作ったり言ったりすることの得手、不得手もあります。ダジャレを作ったり言ったりすることを相手に強要すると反発されます。

ダジャレを言うことはできないが、ダジャレを聞くことなら好きな人もいます。聞いて笑ってくれる人がいることで張り切ってダジャレを言う人もかなりいます。ダジャレを聞いて笑ってくれる人は貴重な存在です。こういう人を大切にしないとダジャレによる笑いは起きません。

意見の対立は起きます。相手の主張に耳を傾けて、褒める対応をすると対立が解消する場合もあります。

【成功への対応】

ありきたりの定番ダジャレでも「連想」「進展」させれば笑いの取れる冴えたダジャレに変えられます。

ダジャレを作る際の「お勧めの題材」は「しじみ」です。

「し＝趣味」ダジャレが作りやすい上に、同じ仲間がいればさらに盛り上がります。

「じ＝時事」ダジャレを考える際に、内向きの視線を外向きにしてくれます。

「み＝味覚」共有しやすい飲食を取り上げることで、簡単に楽しく盛り上がります。

ダジャレで笑いを起こすには「いいネタ」を意識します。

「い＝言う」勇気を持って「言う」ことで道は開けます。

「い＝意外性」ありきたりではなく「意外性」が新鮮な笑いを生みます。

「ネ＝根回し」共通認識と場の共有を「根回し」で作り、笑いを広げます。

「タ＝タイミング」ダジャレは「タイミング」を計って言います。

6月19日　第4回セミナー（創作ダジャレ発表会）

B班は班長の木下《きのした》課長が発表するようだ。

「我々の班は時間もあまりないので、定番のように言われているダジャレを『連想』『進展』させて作ってみようと考えました。『ドレミのレ＝連想』と『ソラシドのシ＝進展』ですね。皆さん、聞いたことがあると思いますが『ふとんがふっとんだ！』というダジャレがあります。これを会話形式で『連想』『進展』させると次のようになります」

「ふっと見ていたら、ふとんがふっとんだ！」

「ふっとんだんで、ふとんが汚れた」

「ふとんの汚れを落とすのでざぶっと洗った」

「縮んで『ざぶとん』になった」

発表が終わると会場内にドッと笑いが起きた。単純だけど何かおかしい。

「いやぁ、よく単純なおやじギャグを発展させて面白いダジャレに仕上げましたね。学んだ『連想』と『進展』がよく活かされています。うまい、うまい！　これなら寒いおやじギャグを超えています」

谷山が褒める。Ｂ班の皆も嬉しそうだ。

「ではその調子で次はＣ班、お願いします」

Ｃ班の班長である平川が立ち上がった。

「我々は先ほど教えていただいた『しじみ』の『み』を、私が思い付いた『魅力』ではなくて先生が言われた『味覚』で考えてみました。次のようになります」

「うちの3歳半の息子の好物は巻き寿司です。店では子供なのでワサビ抜きの『サビ抜き』でお願いします」

「この『サビ抜きでお願いします』が気に入って息子はこれを方々で言っています」

「先日はレストランで水を持ってきてくれた店員さんに『サビ抜きでお願いします』と言ってしまいました」

「『うちの水にサビは入っていません！』と店員さんに怒られました」

「私は慌てて息子の身から出たサビをワビました」

「わが家の『ワビサビ』物語でした」

「ハッ、ハッ、ハッ。これまた面白い！　笑えるね！　息子さんがかわいらしいし笑いのセンスがありそうですね。楽しくていいなぁ」と谷山が喜んでいる。受講生達も冴えたかわいいダジャレに拍手を送っている。

「それではD班。お願いします」

「はい」と班長を務める大堀裕次郎《おおほりゆうじろう》が立ち上がる。大堀は営業第2部の中堅どころで木下課長や平川より3つ年下、入社14年目で35歳になる。調子に乗って話が大きくなるきらいがあるので「大ほら言うじろう」のあだ名がある。「ま、いける」「ま、いける」が口癖なので「マイケル大堀」とも呼ばれている。

「我々は『しじみ』の『し＝趣味』で考えてみました。こんな感じです」

「最近『ビーグル・ワンコの会』に入ったんだ」

「へー、ビーグル犬はかわいいでしょ」

「いや、犬じゃないんだよ。食べ歩きの会でB級グルメだからビーグル」

「ワンコは何なの？」

「ワンコインだよ」


「ハッ、ハッ、ハッ。これも面白い！　よく考えました。『趣味』の『ビーグル』がいい。『ワンコ』は『ワンコイン』ね」

谷山が感心して笑う。受講生達も笑っている。セミナーで学んだ成果が出ている。

「さぁ、それでは先ほど発表できなかったA班に戻りましょう。お願いします」

他の班の楽しいダジャレで受講生達が大笑いしていた時も日比野課長は気が気でなく、とても笑ってはいられなかった。香村は人ごとのように全く考えている様子はない。日比野課長は覚悟を決めて頭に浮かんだ自己紹介をすることにした。

「はい。私は日比野加奈と申します。遅ればせながら自己紹介をさせていただきます。入社して早19年が経ちました。『アラッ』という間に『フォー』とする間もなく『アラフォー』になってしまいました。教育担当で今回のビジネスコミュニケーションセミナー

のお世話役をさせていただいています。谷山先生から学んだ『ダジャレの笑いで職場が明るく楽しくなる』のが私の毎日の願いです。私の名前が『日比野加奈』なので『日々の（日比野）願いがかな（加奈）うかな（加奈）』と期待しています。なんか私にとってこのゼミは『カナカナゼミ』みたいです！　以上です！」

初めてダジャレを人前で言った日比野課長の脚は緊張のあまり震えていた。その緊張をほぐすかのように会場に拍手が広がっていった。谷山も大きく頷いて笑って拍手をしている。受講生達も日比野課長に向かって拍手を送っている。先ほどの失敗を何とか乗り越えた嬉しい苦心作だ。

日比野課長は自分の言ったダジャレに反応して皆が笑っているのを見て、得も言われぬ気持ち良さを感じていた。先ほどまでの緊張感はどこかに飛んでいた。

「そうか、ダジャレを言って笑いを取れるとこんなにも達成感が得られるんだ！」

入社19年目にして初めて味わった心地良い感覚である。日比野課長は「やはり勇気を出して思い切って言ってよかった！」と心の底から思った。

それはダジャレを聞いてただ笑っていただけでは得られなかった満足感だった。

「はい、皆さんの発表が終わりました。どの班のダジャレもよかったですね。皆さんが学んだことをよく活かしてダジャレを作ってくれました。大成功ですね。ありがとう。私も嬉しいです」

谷山も自分の講義を理解してダジャレ作りをした受講生達に満足している。

「今回は出なかったので『しじみ』の『じ＝時事』ネタを紹介します。時事ネタのダジャレを作るには政治など社会に目を向ける必要があるので視野が広がって内向きにならない点がいいんです。

例えば少し前に『忖度《そんたく》』という言葉が注目されましたが『そんたく』の『そ』の字を『さ行』で変化させていけば『さんたく』『しんたく』『せんたく』などの言葉が見つかります。『忖度とは三択ではなく選択して信託すること』などの言葉遊びができます。

冴えた時事ネタを作るにはニュースへの目配りが欠かせませんね。そんなことも参考にしてもらって今度は時事ネタのダジャレにも挑戦してみてください」

ダジャレに必要な『いいネタ』

　先ほど皆さんが発表してくれたダジャレで大きな笑いが起きましたね。ダジャレで笑いを起こすには『**いいネタ**』が必要になります。この『いいネタ』というのは『いい題材』ということではあるのですが、それとは別にある四つの言葉の頭文字なんです。

『い＝言う』まず、言わないことには相手にダジャレが伝わりません。先ほどの日比野課長のように勇気を出して思い切って『言う』ことが大切です。

『い＝意外性』皆が想定するような通り一遍のダジャレでは笑いはなかなか起きません。B班の『ざぶとん』にしても、C班の『サビ抜き』にしても、D班の『ビーグル・ワンコ』にしても、A班の『カナカナゼミ』にしても、皆、意外性があって想定外だから面白かったんです。

『ネ＝根回し』これは皆が心を開いて笑える共通認識を作る、整えるという意味での『根回し』です。共通の場、空間ともいえます。このセミナーはすでにそういう場になっています。つまり笑える仲間意識がありますね。やはり日頃からの『根回し』が重要になります。

『タ＝タイミング』今日は予定された発表の場なのでタイミングを計る必要はありませんでしたが、日常の中でダジャレを言って笑いを取るにはタイミングを逃してはダメです。

ダジャレの行動指針&上達のコツ『さしすせそ』

『さぁ、言おう』『失敗しても』『すべっても』『積極的に』『そのダジャレ』

という『さしすせそ』のフレーズです。

日比野課長は人生で初めてダジャレを言うことに勇気を出して挑戦してくれました。

『失敗したらどうしよう』『すべったらどうしよう』と思うのは誰にでもある感情なんです。それでも何とか**思い切って、積極的にダジャレを言って**乗り越えていこうとする。そうすることによって明るく楽しい別世界が開けるのです。

ダジャレを上達させるコツ、ポイントも『さしすせそ』で表すことができます。

『3個覚える』『進展させる』『スマホを使う』『専門分野を持つ』『そばの人で試す』です。

その場でポンポンと調子良く新しいダジャレを言える人などいません。ダジャレをタイミング良く言える人は自分のポケットにしまっておいたものをうまく繰り出しているんです。1個では繰り出せないので初めは『3個覚える』ことから始めます。そしてそれを先ほどのB班がやってくれたように『進展』させればいいのです。進展のさせ方は連想ゲームです。

『スマホを使う』ことでダジャレを作る作業は格段に視野が広がりレベルも上がります。同音異義語を探すのにこんなに便利な魔法の道具はありません。

『専門分野を持つ』こともダジャレの領域を広げます。自分の得意な分野を持てば楽しい冴えたダジャレがどんどん作れます。

そして最後は大勢の人前でご披露する前に『そばにいる人で試してみる』ことです。そうして事前にトライしておけばウケない場合は修正できます。

「いかがでしたか？　私も皆さんと一緒にこうして学べてとても有意義でした。今日の発表を聞けば、皆さんはもう立派な『ダジャレの伝道師』です。ぜひ諸所でダジャレによって笑いを引き起こして『朝起きた時から行きたくなる楽しい会社』にしてください。皆さんの健闘を祈っています」

こうして全てのセミナーが終了した。講義を終えて会議室を出ていく谷山に送られた受講生達の拍手はなかなか鳴り止まなかった。

【まとめ】

・ダジャレの「お勧めの題材」は「しじみ」です。これは「し＝趣味」「じ＝時事」「み＝味覚（または魅力）」のことです

・ダジャレで笑いを起こすには「いいネタ」が必要です。「いいネタ」とは「いい題材」という意味もありますが、４つの言葉の頭文字から取ったフレーズでもあります。それは「い＝言う」「い＝意外性」「ネ＝根回し」「タ＝タイミング」です。ダジャレを作り、使う時には頭に入れておきたい要素です

・ダジャレを言うための行動指針は「さしすせそ」です。「さ＝さぁ、言おう」「し＝失敗しても」「す＝すべっても」「せ＝積極的に」「そ＝そのダジャレ」です。まずは勇気を持って思い切って「言う」ことから始まります

・ダジャレ上達のポイントも「さしすせそ」です。「さ＝3個覚える」「し＝進展させる」「す＝スマホを使う」「せ＝専門分野を持つ」「そ＝そばの人で試す」です。特にスマホをうまく使うと視野、領域が広がり、自分ならではの冴えたダジャレを作れる可能性が広がります

第5章
ダジャレを会議で使う

・ここでは「ダジャレを会議で使う」手法と「会議の円滑な進行」方法、スキルについて学びます
・会議が堅い雰囲気の時にアイスブレイクとしてダジャレを使います。凍りつくような堅い雰囲気では会議はうまく前に進みません。それをダジャレで溶かします
・ダジャレのネタとして「語呂合わせ」も有効です。その会議の日に相応しい語呂合わせがないか頭をひねります

【戦略】 ツカミのアイスブレイクに注力する

7月10日 創立70周年企画の検討会議

　ビッグアドエージェンシーは来年創立70周年を迎える。それを記念してさまざまな広告企画の検討が始まっていた。メンバーの大半は営業部門からだが、業務推進部の日比野《ひびの》課長やマーケティング部の吉本《よしもと》ユカリなども支援部隊として参加している。

　実行責任者である木下《きのした》課長は企画内容の方向性がなかなか見えてこないことに焦っていた。

「はい、皆さん。それでは周年企画の検討会議を開催します。今日は実施する企画の候補を何点かに絞りたいと思います。とにかく今日までに目途をつけないと間に合わなくなります。早くしないと駄目なんです」

　木下課長の話し方が紋切り型になっている。周年企画の実行責任者という初めての大役にかなりのプレッシャーを感じているようだ。その木下課長の緊張感が伝わるのか会議に参加している社員の表情が硬い。「しじま」が流れる。

「はい、ちょっとよろしいでしょうか」

「しじま」を破るように香村《こうむら》が手を挙げた。

「そう言われましてもまだいろいろなことに関して議論が十分されていないので、とても企画案を出せる段階ではないと思います。そもそもどうしてうちの社が周年企画をやるのか、そこの納得感からして全くありません」

香村得意の「そもそも論」が出てしまった。

「とにかく周年企画はやることになっているんだから今さらそんなこと言っても駄目だ！やる気がないからそんなことを言っているんだろう！」

木下課長が香村の話を聞いて怒鳴る。以前のパワハラ系に逆戻りしてしまったような感じだ。

「いや、そんなことはありません。やる気はあります。ただ周年企画をやる意義とか周年企画の位置付けがはっきりしないので、どんな方向にどれくらいの規模のものを考えたらいいのか見えてこないんです」

香村のほうがはるかに冷静だ。

「個人レベルの宿題的に『企画案を出せ、出せ』の一点張りですが、もう少しマーケティング部などの協力もいただいて、今の世の中のトレンドをレポートしてもらうなどして、皆で共有して企画の方向性を打ち出さないと企業の協賛も得られないと思います」

香村の正論に木下課長は黙るしかない。

「おい、瀬尾《せお》君！　若い感覚でなんかアイデアはないのか？」

香村の抵抗にあい、反論しそうもない新人に話を振る。行き当たりばったりだ。

「いや、そんな急に言われても困ります。勘弁してください」

こちらもＳＯＳの瀬尾に戻っている。

「ちょっと、よろしいでしょうか」

皆がシラケきっているのを見て日比野課長が手を挙げた。

「今の香村さんの意見はもっともだと思います。もちろん皆さん、自分で勉強して世の中のトレンド、社会のニーズをつかんでいると思いますが、社を挙げての周年企画ともなれば共通認識を持った上で立案すべきです。マーケティング部と業務推進部で資料を早急に作成して皆さんにお配りしますので、それを読み込んで次回の会議に参加して議論するということにしてはいかがでしょうか」

堅く行き詰まった会議の雰囲気に「これ以上は議論が進まないな」「できればここに居たくないな」と思っていたメンバーは諸手を挙げて日比野課長の意見に賛成する。

木下課長もこれに従わざるを得ない。自分が撒いた種なのだから仕方がない。

その日の会議は開始からわずか30分で終わってしまった。

会議が終了して少し経ってから木下課長が日比野課長の席にやって来た。表情が暗い。

「いやぁ、先ほどはありがとうございました。助け舟を出してもらって。助かりました。なんかついついカッとなっちゃって。また前のパワハラ系に戻っちゃいました。すみません。この先、どんな会議の進め方をすれば良いのか分からなくなってしまって。ちょっとご相談したいのですが……」

神妙な顔つきである。

日比野課長は感じていたことを率直にアドバイスした。

「木下課長は真面目だから全てを自分で仕切ろうとされているけど少し無理があると思います。いろいろな人の協力を得ないと広がりも出ないし、いい方向に進まないのではないでしょうか。皆さんそれぞれに持ち味があるので、それを活かして参画してもらうようにもっと協力を呼び掛け、それを統率すればよろしいと思います」

「そうですね。せっかくビジネスコミュニケーションセミナーで谷山《たにやま》先生からダジャレの使い方を学んだのに全然活かせていないな。こんなことならダジャレを使った会議の進め方もよく聞いておくんだった。先生ならどうやって進めるのかな？」

木下課長はセミナーで会議の進め方を聞けなかったことを残念がっている。どうしても谷山の話を聞いてみたいという顔だ。

「セミナーが終わったばかりですぐにお声掛けするのは気が引けるけど、思い切って連絡してみましょうか。私も先生のアドバイスを聞いてみたいし」

日比野課長が谷山に連絡を取ってくれそうだ。木下課長は自分だけが責任を負っていたような気分から少し解放されて表情がかなり和らいでいる。

後日、谷山がビッグアドエージェンシーを訪れた。あまりメンバーを広げるわけにはいかないので参加者は木下課長、日比野課長、平川、大堀に絞った。

相談の内容は日比野課長から事前に伝えてある。簡単に言えば「ダジャレを入れながら、いかに円滑に会議を進めるか」ということだ。

「意外と早くお声が掛かりましたね」

谷山がニコニコしながら話を始める。

「セミナーの時間がもっと取れていればお話ししたかったことです。まあ、実践の中で迷うことがあれば相談してもらえればいいなと思っていたので大丈夫ですよ」

会議の基本的な進め方

会議というのはあらかじめ設定された議題について意見を出して相談、討議する場ですよね。目的の達成に向けて議論を進めていくということなので、これは船を進める航海のようなものです。航海には進路を確認する羅針盤が必要ですが、会議での羅針盤は『5W1H』なんだと思います。5W1Hは**『When=いつ』『Where=どこで』『Who=だれが』『What=何を』『Why=なぜ』『How=どのように』**といったフレームワークですね。

今回の場合はどうも『Why=なぜ』の、そもそものところで引っ掛かっているようですから、まずここから始めたほうがいいですね。

『何のために周年企画をやるのか』『どうしてやったほうがいいのか』。感覚的なことだけではなく、**会社が置かれている状況や業績、存在感、取引先との関係などいろいろな面から議論**したほうがいいです。そうすればおのずと『Why』は明らかになって皆が納得すると思います。あまり時間がないことを気にしているようですが、ここさえクリアになれば皆のやる気が出て後はスムーズに進んでいきますよ。

ダジャレを活用する

あまり肩に力を入れずに、**ダジャレでアイスブレイクを入れて滑らかに進めて**みてください。凍り付くような場だと船が座礁してしまいますから。ただしその場の雰囲気、空気を読んでダジャレを言わないとアイスブレイクになりません。自分がダジャレを言いたいから言うのではなく、あくまでも会議をスムーズに進めるための潤滑油ですから、やはり目配り、気配りが重要です。ダジャレを言うことばかりに気を取られると肝心の会議の討議がおろそかになる危険があります。

会議の冒頭はどうしても堅くなりがちですから、ここでツカミ的に冴えたダジャレを出せれば、アイスブレイクで船はうまく航海に滑り出せます。**『語呂合わせ』をうまく使う手**もありますよ。いずれにしろここは平川さんのようなダジャレの得意な人に任せるのが賢明です。

谷山からのアドバイスの後、４人はいくつかのことを確認した。

①「周年企画の意義」を議論するための資料は日比野課長がマーケティング部と連携して早急に作りメンバーに配布する
②メンバーは必ず事前にそれを読み込んで次の会議に参加する
③次回の会議の冒頭に責任者の木下課長がこれまでの会議運営の不手際を詫び、改めて皆の協力をお願いする
④その後の会議の司会進行は、木下課長の指名を受けて平川が担当する
⑤平川から今後の会議の進め方について「５Ｗ１Ｈ」のフレームワークを説明する
⑥特に「Ｗｈｙ＝なぜ」については十分に議論しメンバーの納得感を得る

木下課長の表情が見違えるように明るくなった。木下課長は日比野課長、平川、大堀に「よろしくお願いします」と改めて頭を下げた。

「お前に頼まれたらやるしかないだろう」と平川が言う。木下課長は平川と仲直りができ

ていたことを心底喜んだ。

一方、瀬尾は瀬尾で悩んでいた。

「あんな急に話を振られても困るよな」

そうは思いつつ、これまであまり前向きに会議に参加していなかった自分が少し恥ずかしかった。入社してまだ4カ月と甘えるのか、もう4カ月と自立を考えるのか、それは自分の覚悟次第だった。

「せっかくダジャレ入りの自己紹介ができて先輩にも可愛がられて、何とかこの会社でやっていけるような雰囲気になってきたのだから営業でももう少し頑張らないといけないな」

いつまでも甘えて周りの顔色を見て逃げているわけにはいかない。

木下課長に会議で言われたことを思い起こして頭を巡らせた。

瀬尾は木下課長から名指しで意見を求められたことで、否応なしに前向きに企画を考えざるを得なくなっていた。

【失敗の分析】

行き当たりばったりで会議を進めてもうまくいきません。前に進むための羅針盤、道標が欠けています。「なぜ周年企画をやるのか」という大義名分、そもそものところのメンバーの納得感がありません。

社を挙げての大きな企画の立案を個人の宿題に任せていては駄目です。世の中のトレンドや社会のニーズなどを的確につかめません。然るべき部署で当該の資料やデータを揃える準備ができていません。

実行責任者が全てを仕切るのは無理です。参加メンバーの協力態勢ができていないと船は座礁してしまいます。

司会進行役の堅さがメンバーに伝わり会議の雰囲気も堅くなっています。

【成功への対応】

「5W1H」のフレームワークを羅針盤のように使い会議を進めます。順番は臨機応変に決めても構いません。大義名分、そもそも論で引っ掛かっている時は「Why＝なぜ」から議論してメンバーの納得感を得ます。その際に会社が置かれている状況や業績、存在感、取引先との関係など大所高所から「Why＝なぜ」を議論します。

企画立案に必要な資料は個人に任せるのではなく、然るべき部署が社として準備をします。

会議を円滑に進めるにはメンバーの持ち味を活かした協力態勢をとります。司会進行役がダジャレをアイスブレイク、潤滑油として使い雰囲気を和らげます。特に会議の冒頭は堅い雰囲気になりやすいのでツカミ的にダジャレを使い緊張をほぐします。

会議を実施する月日にちなんだ語呂合わせダジャレを使う手もあります。

7月19日　創立70周年企画の検討会議

議長席に座った実行責任者の木下課長が会議の始まりを告げる。

「それではこれから70周年企画の検討会議を始めます。前回は私の不手際で会議の運営がうまくいかず申し訳ありませんでした。責任者の大役をいただいたので緊張のあまり肩に力が入り過ぎてスムーズな進行ができませんでした。私一人では何もできません。皆さんのご協力をいただいて進めたいので改めてよろしくお願いします」

前回の会議までのパワハラ系の紋切り型の態度とは違う木下課長の謙虚な姿勢にメンバーが驚く。心を開いて協力を要請する木下課長を拒む者はいない。

「皆さんの持ち味を活かしていただき協力してもらう一環として本日の会議の議長、司会進行役を平川君にお願いしたいと思います。平川君、よろしくお願いします」

メンバーはこれまた驚いて木下課長と平川を見やる。二人はスムーズに席を入れ替わった。

「えー、それでは実行責任者の木下課長からご指名をいただきましたので、本日の会議の司会進行役を務めさせていただきます。周年企画会議の司会なので『執念』を持って取り組みたいと思います！」

このツカミのダジャレにメンバーがドッと笑う。冒頭の木下課長が詫びた時に流れていた緊張感が吹き飛んだ。アイスブレイクはできた。順調な船出だ。

「皆さんのご協力がないと司会も『視界』良好になりませんのでよろしくお願いします！」

追い打ちのダジャレにメンバーがさらに笑う。木下課長は改めて平川のダジャレのセンスに感心した。

ツカミのダジャレでウケた平川は舌も滑らかに進行していく。

「さぁ、それでは会議を進めましょう。初めに皆さんに今日の会議の進め方についてご説明します。皆さんが議論を進める際の羅針盤、道標として『5W1H』のフレームワークを使いたいと思います。

前回の会議で香村さんから指摘があった『どうして周年企画をやるのか』というそもそものところ、フレームワークで言うと『Why=なぜ』ですね。これを皆でよく確認して納得感を持ってから進むことが大事ですので、まずはこれから検討します」

「70周年を迎える記念としての企画ですから、当然わが社の立ち位置、置かれている状況について認識しておく必要があります。簡単に私から申し上げますと、浮き沈みの激しい業界の中で山あり谷ありでしたが70年間会社が続いてきた、事業継続してきた存在感というものは絶対にあるわけです。それはビッグアドエージェンシーとしてのブランド力とも言えます。70周年を迎えられるということに誇りを持ってもいいと思います。その上で何ができるか、何をやるかですね。どうでしょうか?」

平川が大義名分を議論する口火を切る。

「はい」

大堀が手を挙げた。

「今、平川さんが言われた通りだと思います。そうしたわが社に対していろいろなところからの期待感があります。新聞社やテレビ局などのメディアはわが社ならではの斬新な企画の提案、実行を期待しています。最近力を入れ始めたネット系の分野でもそうです。70周年企画はこれから世界に羽ばたこうとしている当社の力の見せ所だと思います。あっ、『世界に羽ばたく』はちょっと大袈裟でした！」
大堀ならではの大風呂敷にメンバーが笑う。

「上期のわが社の業績は利益がわずかながら前期比で上回りましたが、売上が伸びているわけではないので安心できません。下期も状況は厳しいと思います。さらに来年はどうなるか分かりません。ハードルは高くなりますからね。ですから70周年企画の実施は売上拡大、利益アップという業績面から見ても大きな材料なんです」

木下課長が管理職らしい視点で意見を言う。全体を統率する役割を意識してか冷静な見方をしている。

「香村さん、いかがでしょうか?」

平川が前回、問題提起をした香村に水を向ける。

「はい。私は入社7年目なので前回、周年企画を実施した60周年の時のことがよく分からなかったのですが、今の皆さんからの意見を聞いて意義についてはよく分かりました」

そもそも論の香村も納得したようだ。

「他に周年企画の意義についてご意見のある方はいらっしゃいますか?」

「異議なし！」とメンバーが口を揃える。

第一関門は突破したようだ。

「よかった、よかった。私は皆さんの納得が今日は得られると思っていました。何故なら今日は7月19日なので語呂合わせでいけば『なっとぉく=納得』なんですよ！」

メンバーは平川のこの語呂合わせダジャレに大笑いする。

「さぁ、それでは次のフレームワークで考えます。『Ｗｈｅｎ＝いつ』ということですが、これは70周年企画を実施する時期ですね。来年の４月８日が創立記念日ですが、企画の実施日となると企画内容によって変わってくると思いますので、とりあえず今の段階では来年1年間の中で、ということにしておきたいと思います。次に『Ｗｈｅｒｅ＝どこで』ということですが、これはどこのメディアや場を使って企画を実施するかということで考えたいと思います。ただこれも企画内容に関係しますね」

「はい。ちょっとよろしいでしょうか」

日比野課長が手を挙げる。

「メディアの情報なんですが北西新聞は来年創刊１３０周年を迎えます。独自の周年企画をいろいろと検討しているようなので、そこと連携することもできると思います。その他

のメディアの周年や特別企画の実施予定なども分かれば早急に皆さんにお知らせします」

業務推進部の立場からの意見だ。

「はい。それでは残りの『Ｗｈｏ＝誰が』と『Ｈｏｗ＝どのように』は企画内容そのものの『Ｗｈａｔ＝何を』に大きく関係しますので、ここからは『Ｗｈａｔ＝何をやるか』について議論します。そこでマーケティング部と業務推進部で用意してくれた資料を参考にして実施する企画の候補を挙げていきたいと思います。皆さん、事前に配布された資料について、マーケティング部の吉本さんから簡単に説明してもらいたいと思います」

吉本が用意した資料の主なものでは少子高齢社会、健康・医療問題、女性活躍社会、ライフスタイル、資産運用、コミュニケーション、ＡＩ・ＩＣＴなどのテーマが取り上げられている。

香村は「女性活躍社会への提言」をテーマに企画を進めたい旨を申し出た。

一方、大堀は「少子高齢社会」と「健康・医療」を合わせた形で企画を立案したいと名乗り出た。

「あんこの部分」とも言える柱となりそうな企画案がいくつか出たようなので平川はそろそろ今日の会議の締めに入ろうとする。

その時、瀬尾が思い切って手を挙げた。

「はい。私が大学で学んできたインターネット関連を営業に活かせないかと考えました。例えば、クライアントのホームページ作りのお手伝いです。もう既にきちんとしたホームページを持っているところが多いと思いますが、リニューアルしたいと考えている企業もあるかもしれません。もし皆さんにクライアントのホームページの状況の情報収集をしていただければ企画に繋げられるかもしれません。まだ思い付きの段階ですが皆さんのご協力をいただいて取り組んでみたいと思います」

瀬尾の覚悟に反対する者はいない。

ネットやホームページに関心が高い若手でメンバーを募り、全社的に情報収集して実施する方向で瀬尾が提案した企画も承認された。

「はい。だいぶ時間も経ちましたのでそろそろ本日の会議を終了します。実施予定企画の責任者は早急に担当メンバーを決めて企画書作りに取り掛かってください。あまり時間はありません。担当者は『単刀直入』で進めてください！」

平川の締めのダジャレに笑いながら企画検討会議が終わった。

アイスブレイクのダジャレと「5W1H」のフレームワークの活用で、前回まではなかったスムーズな会議運営ができた。

【まとめ】

・会議を円滑に進めるには皆の持ち味が活かせるような協力態勢を採ります
・会議の雰囲気が堅い時はダジャレをアイスブレイクとして使います
・特に会議の冒頭は緊張感があるのでツカミ的にダジャレを言うと空気が和らいでスムーズに会議に入っていけます
・会議を実施する月日にちなんだいい語呂合わせダジャレがあればタイミングを見て使います
・ダジャレを言うことばかりに気持ちがいくと肝心の会議の進行がおろそかになるため注意します
・会議の進行をスムーズにするには「5W1H」のフレームワークを使います。これは羅針盤、道標の役割です
・「5W1H」のフレームワークを使う順番は状況に合わせて臨機応変に対応します
・「Why＝なぜ」というそもそもの話、大義名分を扱う時は皆の納得感が出るように早めに十分に議論します

第6章 ダジャレを職場で使う

・ここでは「職場でのダジャレの使い方」について学びます
・明るい挨拶が行き交う働きやすい職場を実現する方法が分かります
・挨拶を気軽に行えるようにするにはダジャレを入れるのも一つの方法です。ダジャレを入れることで軽快なリズムが生まれることを確認します
・円滑なコミュニケーションの敵であるパワハラ防止の可能性を探ります
・コミュニケーション課題の解決を全社的な取り組みとして乗り切る策について考えます
・職場のコミュニケーションを活性化するには社内で営業をする姿勢で臨みます

【戦略】 職場を社内営業の場とする

9月4日 業務推進部 日比野課長のデスク

夏休みを挟んだからか、日比野《ひびの》課長はこのところ職場にあまり活気がないように感じられていた。来年の周年企画のセールスが本格化するこの時期にしては何か盛り上がりに欠けている。

ビジネスコミュニケーションセミナーが終了して2カ月が過ぎた。セミナーを実施していた時は職場のあちこちで笑い声が聞かれていたのに今はあまり聞こえてこない。各職場のコミュニケーションは大丈夫なのだろうか。

気になった日比野課長は若手の教育担当ということもあり、若手社員に様子を聞いてみることにした。

日比野課長が初めに話を聞いたのはマーケティング部の吉本《よしもと》だ。マーケティング部は50代半ばの男性の部長と40代半ばの男性の課長が管理職で、社員は30代後半の女性と吉本である。この他に調査会社からの女性の派遣社員が二人いる。

「この間は70周年企画の資料作りお疲れ様でした。さすが吉本さんね。企画立案に役立つ資料がポイントを押さえてしっかりとできていたわ。短い時間であれだけの資料を作るのは大変だったでしょ」

「はい。全社プロジェクトの仕事として日比野課長から部長や課長に根回ししていただいていたので承知はしてくれていたんですが、結局ルーティンとは異なる急ぎの仕事だったので部内で他に手伝ってくれる方もいなくて、何とか私一人でやりました」

吉本は正直に答える。日比野課長には気を許しているみたいだ。

「まぁ、そうだったの！　それは大変だったわね。なんか巻き込んでしまって。ごめんなさいね。それで、どうなの？　マーケティング部の部内の雰囲気は？」

日比野課長が心配そうに聞く。

「正直に言っていいですか？　日比野課長にならぜひ聞いていただきたいです」

吉本は「待ってました」とばかりに話し出す。相当不満がたまっているようだ。

「まず朝、会社に来ますよね。部内で私が一番若いこともあるので最初にくるようにしているんです。その次にはだいたい部長がくるんです。朝だから私から『おはようございます！』って挨拶します。ところが部長から反応がないんです。なんか『あぁ』とか言っているような気もしますがほとんど聞こえません。あれは挨拶じゃないです。もう慣れましたけどね。挨拶が返ってくることなんか期待していません。挨拶したら損するとでも思っているんですかね！」

吉本の言葉に力が入る。

「それはひどいわね。部の他の人はどうなの？」

日比野課長は呆れた様子で聞く。

「部長がそんな調子ですから、皆、挨拶なしです。始業時間ぎりぎりに席に黙って滑り込んでくる感じです。昼間だってほとんど会話らしい会話はありません。課長は事務的に仕事を割り振るだけですし。部長の機嫌を損ねないように様子ばかりうかがっています。

会話と言えば派遣社員の二人が小さな声でこそこそ話している程度です。夕方帰る時も皆、すっといなくなるんです。ふっと気が付くと私一人が残っていることがよくありま す。コミュニケーションなんかなしですね。なんか部内が暗くて……。またあの職場に行くのかと思うと気が重くなる時があります。部内で笑ったことなんか一度もありません！家で父親の寒いダジャレを聞いているほうがよっぽど温かい気持ちになれます！」

吉本は話しているうちにだんだんと怒りがこみ上げてきた感じだ。

「あのビジネスコミュニケーションセミナーを受けている時は救われました。会社で笑うことなんかないと思っていましたから」

吉本が懐かしそうに振り返る。

日比野課長はそこまでマーケティング部のコミュニケーションが悪いとは思ってもいなかった。これは重症だ。そういえば吉本がマーケティング部に配属になる前にいた女性の若手社員も、それが原因だったのかどうか分からなかったが辞めてしまっている。

人と人との最低限のコミュニケーションである挨拶がないというのは最低どころか最悪

の事態かもしれない。笑いが起きるなんてとても望めない。

日比野課長はそれからしばらく吉本の愚痴を聞いてやった。吉本はたまっていた思いの丈を聞いてもらってすっきりしたみたいだ。

「とにかくもう少し頑張ってみます。また話を聞いてください」

吉本はそう言い残して席に戻っていった。

日比野課長は次に営業第4部の瀬尾《せお》に話を聞いた。営業本部には営業第1部に木下《きのした》課長、第2部に大堀《おおほり》、第3部に平川《ひらかわ》とビジネスコミュニケーションセミナーに参加していた核ともいえる気心の知れたメンバーがいる。

しかし第4部については部長がかなりのパワハラ系で、課長もビジネスコミュニケーションセミナーのメンバーではなかったので何となく気にはなっていた。新人の瀬尾の視点で部内がどのように見えているのかも興味があった。

「瀬尾君、久しぶり！　夏休みはどうでした？」

「はい。尾道の実家に里帰りしていました。あの自己紹介がきっかけで尾道まで来てくれた社員の方がいまして、しまなみ海道辺りをちょっとご案内しました」

「まぁ、そうだったの！　あの自己紹介で新人ながらすっかり有名人になったわね。なんかあの自己紹介以降、瀬尾君は堂々として自信がついたみたい。この間の70周年企画の検討会議でもちゃんと自分ならではの企画案を出していたし」

　日比野課長が笑いながら話す。瀬尾も嬉しそうに笑う。

「どうなの？　その後企画案のほうは。順調に進んでいるの？」

「はい。社内で一緒にやってくれる方も何人か手を挙げてくれて。どのくらいのクライアントがホームページのリニューアルを望んでいるのかまだ全ての情報収集はできていませんが、とりあえずは何社かのお手伝いをできるのではないかと思っています」

瀬尾が提案した企画も前に進んではいるようだ。

「すごい！　頑張っているわね。部長や課長も喜んでいるでしょう」

日比野課長がそう言った途端、瀬尾の顔が曇った。聞いてみるとどうやら瀬尾の提案が全社横断的な企画なので、所属する第4部の売り上げにあまり貢献しないと思われているらしい。第4部の扱う業種は食品や化粧品、医薬品などの消費財がメインだが、そうしたクライアントでも今やホームページの制作は必須のはずだ。しかし、部長や課長はあまりその方面への関心はないようだ。

瀬尾はそんなこともあって周年企画の件はもっぱら営業第1部の木下課長に相談しているらしい。


日比野課長は思い切って聞いてみる。

「どうなの？　部内の雰囲気は？」

「は、はい」

最近の瀬尾にしては珍しく自信なさそうに口ごもる。

「ここだけの話なんですけど、部長のパワハラがすごくて……。先日も仕事でミスした先輩がめちゃめちゃ怒鳴られていました。なんか部内の空気も凍りついちゃって。ビビってしまいますよね。皆、さぁーっと席からいなくなりました。人前であんなに叱られているのを見たのは初めてです」

瀬尾は怯えている感じだ。いつ自分にもその矛先が向いて雷が落ちるかもしれないと心配している。

瀬尾が恐ろしそうに言う。

「あんな時はどうすればいいんですかね。私があんな目にあったら会社を辞めちゃうかもしれません」

せっかく自信をつけて歩き出したかに見える瀬尾でも一歩間違えば辞めてしまう危険性がある。ここにも社内のコミュニケーションで改善していかなければならない種があると思った。

日比野課長が若手社員をヒアリングした中ではこの他にもいくつかの問題点を抱える部署があった。「勤務中の雑談がだらだらと続くので自分の仕事に集中できない」という若手社員がいたり「上司からセクハラ的に服装や髪形について話題にされて嫌な思いをしている」女子社員もいた。

中には「12月25日に売られているクリスマスケーキをネタに『売れ残り』を暗示してからかわれた」女性もいた。

「そういうけしからん輩、発信源には、それこそビジネスコミュニケーションセミナーで学んだ「『よしとけ！』を教えてあげたい！」

日比野課長は真剣にそう思った。

今更ながら「よ＝容姿、し＝下ネタ、と＝歳、け＝健康」が、セクハラなどにつながる危険性のあるネタ、話題であることを的確に警告するフレーズであることを痛感した。

やはり深刻なのは部長からして挨拶もできず会話もなくて暗い、吉本のいるマーケティング部とパワハラ系部長を抱えて社員がビビっている、瀬尾がいる営業第4部の2つの部署だった。

それにしても、改めて聞いてみると普段は聞こえてこないというか、見えてこないコミュニケーション上の課題が職場に隠れていることがよく分かった。これらは会社として長年放置してきた社内コミュニケーションの課題、失敗例と言える。

さて、この失敗例を切り替えて成功例にするにはどうすればいいのか。日比野課長はまた谷山の顔が浮かんで相談したいと思ったが、そんなに谷山ばかりを頼るわけにはいかない。これからいつも谷山がいてくれるわけではないのだ。

「これは自分達の会社、職場のコミュニケーションの問題なのだから、何とか自分達で取り組んでみよう！」

日比野課長はしばらく考えを巡らせた後にそう決意した。

こういう時に頼りになるのはあのビジネスコミュニケーションセミナーの核となったメンバーだ。日比野課長は早速、木下課長、平川、大堀に声を掛けて状況を話した。3人は営業本部にいるので営業第4部の部長のパワハラについてはよく知っていた。木下課長などは同じパワハラ系と見られるのが嫌で反面教師としているようだ。「人のふり見て我がふり直せ」である。マーケティング部の状況はそれほど仕事での繋がりがなくフロアも違うのではほとんど知られていなかった。

4人はいろいろと話した上で、ビジネスコミュニケーションセミナーで学んだことをベースに全社的な「コミュニケーション円滑化プロジェクト」を検討した。ちょうど来年が創立70周年である。何も周年でやることは営業の企画の実施だけに限られるわけではない。中期や長期の経営計画の立案なども会社としての重要な取り組みである。

「笑顔が溢れて明るく楽しい職場の実現・推進」を掲げることに反対する道理はない。今、盛んに叫ばれている「働き方改革」の一環でもある。

4人は管理本部の経営企画部とも十分に議論する一方、然るべき部署にも「ビジネスコミュニケーションセミナー幹事会」として社内営業、根回しをした。そうして70周年を機に策定する経営計画の中に「コミュニケーション円滑化計画」を盛り込んでもらった。うまくいけば9月末の役員会で承認される。

コミュニケーション円滑化計画

「コミュニケーション円滑化計画」の柱となるのは「LED運動」と「3S運動」である。「LED」は「Laugh Esprit Dajare」の略で「機知に富んだダジャレで笑いを起こしてその場を明るくしよう」という狙いがある。もちろん周囲を明るく照らすLED照明ともかけている。提案することが多く拡散すれば照明効果が薄れるので、まずはビジネスコミュニケーションの基本である「挨拶」に絞ってLED運動を展開することを提言した。

「3S運動」は木下課長が自身のパワハラ傾向にある性格を克服するために実行して

いる意識改革である。「責めない」「刺さない」「裁かない」の頭文字から取っている。こちらはスローガンとして掲げる運動となる。承認されればイントラネットや社内に掲示するなどで運動を展開する。

果たしてこの提言は全社的な取り組みとして認められるのか。役員会の結果が待たれた。

【失敗の分析】

笑いがなく暗い職場にはコミュニケーション上の課題が隠れていることが多々あります。まず、コミュニケーションの基本である挨拶がきちんと交わされていないと職場に明るさが出ません。

職場のコミュニケーションの課題について会社として絶えず掌握する体制を整えておくことが重要です。放置しておくと社員が退職するなど、急に顕在化して取り返しがつかないことになりかねません。特にパワハラがあれば職場の空気は凍り付き笑顔は消えます。パワハラは円滑なコミュニケーションを進める上での敵です。

挨拶がない状況やパワハラの放置は会社としての怠慢です。職場のコミュニケーションの失敗例に他なりません。こうしたコミュニケーションの課題を個人で解決するのは無理な話です。

【成功への対応】

職場のコミュニケーション課題の解決には会社としての取り組みが欠かせません。社長や役員の理解も必要です。会社として職場のコミュニケーション活性化に真剣に取り組むのであれば担当役員を置きます。その役職名は例えばＣＨＯ（Chief Humor Officer ＝最高面白職場責任者）などになります。

普段なかなか意見を言いづらい若手社員の不平や不満に耳を傾けることが必要な場合もあります。然るべき人からのヒアリングが大切です。

ＬＥＤ（Laugh Esprit Dajare）運動の一環として挨拶にダジャレを入れた取り組みで、明るいコミュニケーション実現の可能性が広がります。

パワハラ防止には本人の自覚と周囲の人の監視の目が必要です。３Ｓ（責めない、刺さない、裁かない）運動の展開などが有効な場合もあります。

9月27日　役員会

9月末に役員会が開催され、70周年関連の計画は全て承認された。

長期的な経営計画と共に従業員が働きやすい職場づくりが掲げられていた。いわゆる「働き方改革」である。

その柱となったのはビジネスコミュニケーションセミナー幹事会が提言した職場環境の改善策であった。「朝起きた時から行きたくなる楽しい会社」を目指すことが確認され、具体的な取り組みとして「LED運動」と「3S運動」の展開も認められた。しかもこれは「待ったなしの改革」として70周年を待つのではなく、すぐに実施に向けて取り掛かるように指示があった。


「LED運動」の手始めの取り組みとして「挨拶の徹底」が打ち出され、挨拶の具体案を公募した。「ダジャレを入れ込んだ軽快なリズム感のある挨拶」になっているかどうかがポイントだ。

多数の応募案の中からビジネスコミュニケーションセミナー幹事会が入選作を決めた。

朝の挨拶　「おはようこそ！」
昼間の挨拶　「こんにちワッフル！」
退社時の挨拶　「失礼しますます！」

朝の挨拶案を作ったのはマーケティング部の吉本であった。朝、会社で顔をあわせても挨拶がない部長をはじめとする社員との挨拶不足を痛感していた吉本が、暗い職場の雰囲気を解消したいと考えた自信作だ。「この職場にようこそ！　今日も一緒に明るく楽しく働きましょう！」という願いが込められている。

昼間の案は何とあのダジャレなど決して言わない香村《こうむら》の案だった。単純にワッフルが好物で昼休みにも時々タピオカミルクティーとワッフルを楽しんでいる彼女が思わず応募してしまった作品だ。「今日も一日、力をワッとフルに出す」と言う意味もあるらしい。本人もまさか採用されるとは思っていなかったようである。

昼間の案には瀬尾も応募した。「こんにちハッスル！」という作品で「一生懸命に働く社員の気持ち」を表現したようだ。最終審査まで残ったが、書く時は「こんにち『は』」でも言う時は「こんにち『わ』」なので「こんにちワッフル」のほうが言いやすいということになって入選作が決まった。

退社時の挨拶案は瀬尾のものが採用された。『失礼しますますます！』は「退社して家に帰り英気を養い、明日は『ますます』元気に出社しよう」という意図らしい。

従業員は職場で顔をあわせたらこれらの挨拶をしなければならない。これらの挨拶をされたのに返さないことは厳禁である。挨拶を無視するなど運動に参加しない者は管理本部が運営する「職場環境改善委員会」に報告される。目に余る場合は役員会に報告されることもある。こうして挨拶の徹底が社内にアナウンスされた。

10月半ばから「LED挨拶運動」が開始された。マーケティング部では吉本がいつも通りまっさきに出社している。待ち構えていると部長が出社してきた。

「部長、おはようこそ！」と吉本は元気に挨拶する。部長は「ギクッ」として立ち止まり小さな声で「おは」とまでは言った。しかしその先が聞こえない。

吉本はすかさず畳み掛ける。「部長、おはようこそ！」。部長は観念したのか、ぶっきらぼうに「あぁ、おはようこそ！」と返した。怒っているような顔だが今度は吉本にもはっきり聞こえた。

「ヤッター、部長が挨拶をした！」

吉本にとって、この職場での初めての経験だ。

他の社員は滑り込み着席で「おはよう、こそこそ」という感じだが、吉本が一人一人に元気に「おはようこそ！」と声を掛けるから「おはようこそ！」と返事をせざるを得ない。

こうして挨拶を交わしたことなどなかったマーケティング部に朝から「おはようこそ！」の挨拶の輪が広がってしまった。それを横目で見ていた隣のプロモーション部の課長は笑いながら自分も出社してきた社員に元気良く「おはようこそ！」と声を掛けた。マーケティング部に負けてはいられない。

一方「3S運動」もスタートした。「責めない」「刺さない」「裁かない」のスローガンが書かれたポスターのような紙が社内のあちこちに掲示された。書道の心得がある日比野課長の達筆で書かれている。

特にパワハラが疑われる人の席の近くには何枚もの紙が貼られている。当然のように営業第4部長の近くには嫌でも目に入るように多くの紙が貼ってある。

状況が改善されなければ役員会にも報告されるということを意識してか、第4部長のパワハラはトーンダウンした。抑え切れずに怒り出そうとすると周りにいる社員が部長に向かってスローガンが貼ってある紙の方向を黙って指差す。部長は慌てて口ごもるという感じだ。

こうして営業第4部長のパワハラも影を潜めてしまった。雷が落ちることがなくなった職場に晴れ間がやってきた。

役員会には「ビジネスコミュニケーションセミナー幹事会」の発案で管理本部担当の役員から「CHO」の設置という案件も出されていた。これは「Chief Humor Officer」の略で「最高面白職場責任者」とでも言おうか。ダジャレなどのユーモアによって職場に笑いが起き明るく働きやすい環境になっているかを管掌する役員のことである。

これに関しては役員の管掌事項なので取締役会での決議を待つことになった。「CHO」は「ちょう」とも読めるので「大原《おおはら》社長が担当してもいいのでは」と言う役員もいた。


10月末のある日、日比野課長は吉本を打ち合わせコーナーに誘った。

「どう？　最近のマーケティング部の様子は？」

「はい、すっかり雰囲気が変わってしまってびっくりです。朝から挨拶が飛び交っています。とにかく部長が一番早く出社するようになって社員を待ち構えていて『おはようこそ！』を連発しています。一度自分のほうから思い切って言ってみたら、調子が出たようでせきを切ったようにどんどん挨拶をされています。変われば変わるものですね。最近は朝早くくるのを社員同士が競っているようになってしまって。もう『こそこそ感』がなくなりました」

吉本は嬉しそうに答える。

「そう！　よかったわね。これも吉本さんが考えた『おはようこそ！』の効果ね」

日比野課長も喜ぶ。

「いえいえ、日比野課長をはじめビジネスコミュニケーションセミナー幹事会の方々が全社的な取り組みとして提言してくれたおかげです。ほんとに感謝しています。最近は『朝起きた時から行きたくなる楽しい職場』になっています」

吉本が明るい笑顔で応じる。

「ほんとによかったわ！　これならしばらくは今のマーケティング部で頑張れそうね」

日比野課長が念を押す。

「はい！　一時は営業に出たいと思いましたが、内勤のマーケティング部でも社内営業ができるんですね。売り上げを上げることはできなくても、職場の士気を上げることはできるんだと思いました！」

日比野課長も内勤で同じような立場にいるだけに「けだし名言」と思った。

【まとめ】

・コミュニケーション課題の解決は個人レベルでは限界があります。いかに全社的な取り組みにできるかが鍵を握っています

・特に役職上位者の理解、参加を計画します。社内のコミュニケーション活性化を管掌する役員としてＣＨＯ（Chief Humor Officer＝最高面白職場責任者）などを置ければ理想的です

・職場に明るい挨拶が広がる工夫をします。挨拶にダジャレが入ればおかしさが出て明るく楽しい気分になります。「おはようこそ！」「こんにちワッフル！」「失礼しますます！」などのダジャレ入りの明るくリズミカルな挨拶を考えます

・パワハラ防止には本人の自覚と周りの監視の目が必要不可欠です。それが実現できるような仕掛けをします。３Ｓ（責めない、刺さない、裁かない）運動などもその一例です。会社としてそうした取り組みを積極的に行えば、パワハラの加害者も自らの行動を慎まざるを得なくなります。周囲の人の働き掛けも重要です

第7章
ダジャレを営業で使う

・ここでは「営業におけるダジャレの使い方」について学びます
・営業の目的は商談です。ダジャレで笑談し、お客様とコミュニケーションを円滑にしてこれを商談に結び付けます
・会話の始めにツカミとしてダジャレで笑いを起こす仕掛けを考えます
・面会する月日にちなんだ語呂合わせダジャレも状況を見ながら有効に使います
・冴えたダジャレが出ない時は小道具を使います

【戦略】 笑談を商談に繋げる

10月24日 70周年企画セールス現場

10月も終わりに近付きいよいよ70周年の企画セールスの準備にも拍車が掛かってきた。柱となる企画は二つある。

一つめは「長寿社会の実現と健康・医療」をテーマにした企画で、営業第2部の大堀《おおほり》がセンター役を務めている。北西新聞の創刊130年企画と連携している。3月にシンポジウムを開催しその内容を4月に新聞紙面に掲載する。別刷り8ページの広告特集だ。シンポジウムの仕切りもビッグアドエージェンシーが担当する。

二つめは「女性活躍社会への提言」の広告企画で、営業第4部の香村《こうむら》がセンター役を務めている。こちらも4月にシンポジウムを開催し北西新聞夕刊で何回か紙面展開する。さらに瀬尾《せお》が中心となって取り組んでいるクライアントのホームページ制作の企画もある。

営業第3部の平川《ひらかわ》は住宅・建設・不動産、レジャーサービス、スポーツ用品などの業種を担当している。10月末のある日、部長を伴って医療機関とも連携した高齢者向けのマンションの建設・販売を行っている得意先を訪ねた。セールスするのは「長寿社会の実現と健康・医療」の企画だ。

部長が平川に同行する機会はそれほど多くはないがこれも周年企画のセールスならではのことである。平川も部長にいいところを見せたいのだが、どうも風邪を引いたようで昨日から体調が思わしくない。「ビジネスコミュニケーションセミナー幹事会」として提案した職場環境改善策が役員会で承認されたことを喜んで、飲み歩いているうちに風邪を引き込んだようだ。木下《きのした》課長とも久しぶりに飲んだので深酒をしてしまった。

なかなか会えないクライアントのアポだったので無理して出てきた。先方は販売促進担当の渡辺信夫《わたなべのぶお》部長が応対してくれた。

「渡辺部長、ご無沙汰しました。お時間をいただきありがとうございます。今日は私どもの部長と北西新聞の来年の創刊１３０周年企画のご案内に伺いました。ちょうど弊社も来年創立70周年になりますので周年繫がりの連携した企画となります。『長寿社会の実現と健康・医療』という御社にお勧めの企画をお持ちしました。御社の高齢者向けマンションの販売は好調のようですね」

平川はいつもはダジャレの一つ二つを言ってからセールスに入るのだが、今日は部長が同行している上に体調が良くないこともあって先を急ぐ。表情も硬い。

「平川さん、いきなりのセールストークですね。なんか今日はいつもの平川さんらしくないな。部長さんがご一緒なのでだいぶ緊張されているのかな。平川さんがいらっしゃるからまた面白いダジャレを聞けるかと思って楽しみにしていたのに……。なんか顔色も良くないしつらそうですね」

渡辺部長が心配そうに声を掛ける。

平川はそれを聞いて慌てる。

「あっ、すみません！　なんか風邪を引いたみたいで、頭がぼぉーっとしていて……。えーと、えーと」

急いでダジャレを言おうとするが何も頭に浮かばない。隣の部長もただ平川を心配そうに見て黙っている。嫌な「しじま」が流れる。ここで「しじみネタ」を出してもいいのだが頭が働かないのでそれさえ出てこない。

「まあ、平川さん。体調が悪そうなので今日のところは企画書をお預かりして、改めてお話を伺うということでどうでしょうか？　とにかく早めにお医者さんに行かれたほうがいいですよ」

渡辺部長が気を利かせて仕切り直しを申し出てくれた。ありがたい。これも日頃からのお付き合いがあってのことだ。せっかく部長と同行していたのでビシッと決めたいところだったが体調不良では致し方ない。ダジャレを出す余裕もなくクライアントへのセールスを打ち切った。

営業ではベテランの域に入る平川でもこんなつまずきがある。生身の人間だからこういうことも起きるのだが、営業マン、いやビジネスマンの心得の第一はまずは体調を万全にして臨むことだ。自分もつらいが、先方にも迷惑を掛けてしまう。

営業第2部の大堀は「長寿社会の実現と健康・医療」企画の責任者となっているのでいつも以上にセールスに気合が入り気持ちも大きくなっている。

今日は長寿を願う人の関心が高いサプリメントを出している化学品メーカーに企画の

セールスに行く。初めてのいわゆる新規クライアントだ。先方の担当者はお会いすると見るからに真面目そうな人で大堀よりはだいぶ年上に見える。

お互いに名刺交換し自己紹介をする。名刺の肩書きを見ると課長となっている。その課長は大堀の名刺を見てふと目を留める。名刺には「大堀マイケル裕次郎」と書いてある。

「マイケルというお名前は珍しいですね」

その課長が仕掛けに反応する。

大堀は「待ってました！」とばかりに「マイケル」の説明に入る。

「いやぁ、これは別にクリスチャンネームではないんです。私が楽観的な人間で、口癖でつい『まっ、いける、まっ、いける』と言ってしまうのでそれを文字って『マイケル』にしているんですよ」

得意そうにいつものパターンで名刺ネタを披露する。だいたいはこの説明が大ウケして相手は大笑いする。しかしちょっと課長の様子がおかしい。

「いや、これは良くないな。会社の名刺にこんな仕掛けをして。なんか不真面目だな」

不機嫌そうな顔をしている。そんなことを言われたのは初めてだ。雲行きが怪しい。いつもなら名刺ネタで大笑いしたところで畳み掛けて本題のセールストークに入るのが大堀の得意技だ。

ところがいつものツカミのネタで滑ってしまった。こうなると初めての体験だけに修正が利かない。大堀は焦る。「マイケル」なしの名刺も持っていたのだが今さら出すわけにはいかない。大堀は気が動転してその後、何を話したのかも分からないうちに企画書だけは何とか置いて早々に退散してしまった。這《ほ》う這《ほ》うの体で逃げ帰った感じだ。

「あの課長はクリスチャンだったのかもしれない」

今さら反省しても遅い。

「誰にでもウケると思ったら大間違いだ。特に初対面の人には気をつけないと！」

反省しきりの「大ほら言うじろう」失敗の巻であった。

こんなことで果たして周年企画のセールスはうまく行くのだろうか。

11月初めの連休明け、平川と大堀が社内で行き合って立ち話をした。自然と周年企画のセールス状況の話になり、お互いに先日のセールスでの失敗談を打ち明けた。気心が知れた同僚ゆえに、あまり聞いたことがない失敗談に二人は大笑いする。平川も体調が戻ったようだ。

しかし平川の体調不良は仕方がないにしても、最近どうもセールスの本題に入る前のツカミに苦労することが多い。大堀はマイケルの名刺ネタばかりで他に持ち玉がない。平川も自分のツカミのダジャレのキレ、ネタ不足を感じていた。

二人は同じことを考えていた。

「こんな時、谷山《たにやま》先生ならどうするんだろう。こんなことなら『営業でのダジャレの使い方』について聞いておくんだった。営業に関しては聞くことなどあまりないと思っていた」

二人はその足で谷山へアドバイスをお願いするために日比野《ひびの》課長のところを訪ねた。

日比野課長は二人の失敗談を聞いて笑った。

「そりゃ平川君も風邪くらい引くわよね。でもインフルエンザじゃなくてよかったじゃない。そのお客様とは仕切り直しね。大堀君が名刺ネタで外すのも珍しいわね。なんか巡り合わせが悪かったのね。そんなこともあるわよ」

日比野課長が慰める。

「いやぁ、『マイケル』ネタがウケなかったのはほとんど初めてですね。参りました。『マイケル』から『イ』が抜けて『マケル（負ける）』になっちゃいました。『居（イ）抜き』で私も居なくなりました」

大堀が自虐ネタを言う。

「ホッ、ホッ、ホッ。うまい！　うまい！　その調子、その調子」

日比野課長が笑う。セミナー幹事会からの提案が通り、社内のコミュニケーションが良くなってきているからか、よく笑うようになっている。

「二人の要望はよく分かったので谷山先生に伝えて、来社いただけるか伺ってみます。なんか谷山先生も方々からセミナー講師の声が掛かってお忙しいみたいなのよね」

日比野課長が谷山に連絡を取ると、小1時間なら大丈夫だという。会社までご足労いただくことにした。

「いやぁ、ご無沙汰しました。皆さん、お元気そうですね。聞きましたよ。職場環境改善に向けての取り組み提案が役員会で承認されたそうですね。素晴らしい！『LED運動』と『3S運動』というのはよく考えましたね」

谷山がニコニコしながら褒める。目も笑っている。

「はい、ありがとうございます。先生のビジネスコミュニケーションセミナーの講義を受けたことが本当に役立ちました。先生のおかげです」

日比野課長が代表して礼を言う。

「もうその運動は来年の70周年を待つのではなく前倒しでスタートしているんです」

既に実行している「挨拶運動」などの概要を説明する。

「朝の挨拶の『おはようこそ！』というのはシンプルだけどいいなぁ。20年くらい前に『ようこそここへ』で始まる歌謡曲があったけど、なんかそれを思い出しますね。喜んで迎えられているようで幸せな気分になれる」

谷山はこの運動の成果で職場にダジャレ入りの挨拶の輪が広がったことを聞いて喜ぶ。

谷山からのアドバイス

さて今日のご要望は『営業でのダジャレの使い方』でしたね。特にツカミのネタをどうするか、ですね。

人との会話はお会いしてすぐが一番難しいし大事ですよね。そこでうまくダジャレによって笑談になれば流れができるので後はあまり心配なく商談にも入っていけます。そこでつまずくとなかなか修正するのが大変です。**いかに笑談を商談に結び付けられる**かです。

平川君のように体調不良の時はお会いしても相手に心配を掛けるだけだから、そういう時は失礼をお詫びしてアポを延期していただいたほうがいいですね。次にお伺いした時にそれを材料に取り戻せるチャンスはありますから。

大堀君の場合は初対面だったのでもう少し配慮が必要でした。お相手がそういうジョークが通じる方なのか、事前に分かれば安心して使えますが、分からない場合は**まずは正規の名刺を出して、探りを入れながら大丈夫そうなら『マイケル』名刺を出せばいいんです。**それでも笑いは取れると思います。その辺りの読みが重要です。

お二人のようにツカミに失敗するとその日の流れを作れないので私は比較的無難なネタを二つくらい用意して行きます。

別にこれはそんなに難しいことではありません。一つは『**語呂合わせ**』です。必ず相手の方にお会いする月日があるわけですから、これでうまい語呂合わせが考えられればタイミングを見計らってネタとして披露します。例えば今日は11月13日ですね。これを語呂合わせで考えれば『いい（11）』月ですので、お会いしたくて『勇んで＝いさん（13）で』お伺いしました！　と言われれば相手も悪い気がしないというか、嬉しいですよね。しかしいい語呂合わせが浮かばない時は無理しないほうがいいです。13日でも『遺産』などの言葉があるので間違って使ってしまうとマイナスになります。

あとは**小道具をうまく使う**ことです。大堀君のマイケル名刺も工夫を凝らした威力を発揮する立派な小道具、武器と言えますね。誰しも調子の良し悪しがあるので冴えたダジャレがぽんぽん飛び出す日ばかりではありません。そんな時は小道具に頼るのです。私がよく使う小道具はこのネクタイです。

ニコちゃんマークがネクタイいっぱいにあしらわれていて下の方には暖簾《のれん》のような門から福ちゃんが顔を覗かせています。

これは『笑う門には福来たる』のことわざをモチーフにしたネクタイです。『福来た』はシャレにもなっていますね。笑いの伝道師の私にはぴったりのネクタイなんです。これをタイミングを見て相手に見せれば、まずすべることはありません。

このネクタイにはことわざバージョンとダジャレバージョンがあるんですが商品の種類がたくさんあり、コレクターがいるほどです。

「今日はお二人に特別に私からプレゼントしようと思って、持ってきました」

そう言いながら平川にはネクタイ一面に7の数字があしらわれ、下の方に8の数字がダルマになってデザインされたものを渡す。「七転び八起き」をモチーフにしたネクタイだ。これまで会社で山あり谷ありだった平川にはぴったりのネクタイだ。

大堀に渡したものにはネクタイ一面にハンマーのようなものが描かれ、下の方にはそのハンマーで石橋を叩いている絵がデザインされている。「石橋を叩いて渡る」のことわざバージョンだ。これも「大ほら言うじろう」の大堀を戒めるようでぴったりのネクタイである。

谷山は平川と大堀を見ながら続ける。

「まぁ、これをどのタイミングで使うかはお二人にお任せしますが、こんな楽しい道具もあるんです。ダジャレがうまく出ない時にはこうした道具に頼ればいいんです」

そのやり取りをじっと見ていた日比野課長が羨ましがる。

「いいですね。男性はネクタイがあって」

すると谷山はまた鞄から何かを取り出した。

「はい、これは日比野課長に」

しゃれた紙袋を渡す。


「あら、何かしら！」

紙袋の中から取り出したのはハンカチだ。ただのハンカチではない。日比野課長の干支の未《ひつじ》が隅の方にデザインされている。

「あら、嬉しい！」

日比野課長は大喜びしている。

谷山はニコニコしながら言う。

「これは干支をデザインしたハンカチで、こんなものもコミュニケーションの道具として使えるんですよ。未年なら『執事になります』とか、寅年なら『トラ・デッショナル』とか、エトセトラ、エトセトラです」

この予想外のダジャレに3人が笑う。

谷山が続ける。

「着ているシャツやシールなどもダジャレのネタとして使えますよ。自分で工夫してオリジナルな小道具ネタに仕上げるといいですね」

こうして物心両面のプレゼントを貰って3人は大満足して谷山を見送った。

参加できなかった木下課長は後でこれらの話を聞いて残念がった。二人が貰ったネクタイを手に取り羨ましがった。しかし後日、日比野課長のところに谷山から木下課長宛に荷物が届いた。中には釣り好きの木下課長のことを考えた「逃がした魚は大きい」のことわざバージョンのネクタイが入っていた。

【失敗の分析】

体調を万全にしてお客様にお会いすることは営業マンとしてはもちろん、ビジネスマンとしての基本的な心得です。体調が悪いのに無理してお会いすれば相手に迷惑を掛け自分もつらくなります。冴えたダジャレも出ません。

いつもウケるネタが全ての人に通じるとは限りません。特に初対面の相手に対してダジャレが通用すると思い込み、安易にいつものネタを披露すれば痛い目にあう場合があります。

面会して話を始めた途端につまずくとなかなか取り返すのが難しくなります。初対面の方ならなおさらです。気持ちも焦ります。ウケそうなツカミ的なネタや、状況を打開できそうなネタを事前に用意しておかないと苦労します。先の展開を想定した事前の準備が大切です。

【成功への対応】

失敗を取り戻すための第一歩は前回の失礼やミスを心からお詫びすることです。そうすることによって次の道が開けます。失敗を材料として次に活かします。

初対面の人の場合、ダジャレやジョークへの理解度を事前に探っておけば安心してネタを披露でき、ウケる確率も高くなります。事前に分からない時は探りを入れながらネタを披露しましょう。

月日などにちなんだ語呂合わせダジャレを使って場を盛り上げることもできます。アポイントの日が決まったらうまい語呂合わせダジャレにならないか頭をひねります。ダジャレがうまく出ない時のことを考えてネクタイやハンカチなどの小道具を使って披露できるネタを準備しておくのも有効です。

ネクタイなどの小道具を使ったダジャレや語呂合わせダジャレなどのネタを事前に準備しておけば、心の余裕ができ対応がスムーズになります。そうして笑談を起こし商談に結び付けていきます。

11月14日　70周年企画セールス現場

谷山と会った翌日、平川は体調不良で失礼をしてしまった建設会社の渡辺部長を再び訪ねた。今回は部長は同行せずに自分一人での訪問だ。

「渡辺部長、先日は大変失礼しました。見苦しいところをお見せしてしまって申し訳ありませんでした。ご心配いただいてありがとうございました」

まずはお詫びと御礼から入る。

「渡辺部長に言っていただいたのでうちの部長もけっこう心配してくれて、あれからすぐ病院に行って診てもらうことができました。単なる風邪でインフルエンザではなかったのでよかったです。もう体調も戻りました」

「それはよかったですね。あの日はなんかとてもつらそうだったので心配しましたよ。最初は部長さんの前だから緊張されているのかと思ったら風邪で体調不良だったんですね」

渡辺部長も安心した様子だ。

「でもうちの部長の前での失態だったので、またまた評価が下がってしまいました。私の会社人生はこれですね！」

平川は昨日、谷山からプレゼントされたネクタイを早速締めてきたようだ。そのネクタイを指差す。

「なにか珍しいデザインのネクタイですね」

渡辺部長が興味深そうにネクタイを見る。

「はい、これは実は『七転び八起き』のことわざをモチーフにしたネクタイなんです。私は会社では失敗して転んでばかりでなかなか起き上がれないんです。でも失敗もそろそろ七回目くらいなので、今度辺りは八起きになるのかなとも思っています。名前は平川渡なので、平で浅い川を苦労なく渡れると思っていたんですけど、会社ではけっこう深い川を渡っています。溺れそうになったこともありますし」

「ハッ、ハッ、ハッ。それは面白い。さすが平川さん。明るくていいな。大丈夫ですよ、平川さんは。必ず八起きしますから」

渡辺部長は笑いながら励ます。

「そうだ！　早速だけど八起きの材料を差し上げますよ。先日お持ちいただいた企画、あれ、やらせていただきます。ちょうどうちの高齢者向けのマンションの販売にぴったりの企画なので、話を上司に伝えたらオーケーが出ました」

「えっ、本当ですか！　ありがとうございます。あぁー、すごいな！　これなら嬉しくて夜寝られなくて、夜起き（やおき）になっちゃいます！」

平川は朗報に舞い上がる。すぐにダジャレも出る。

「今日はなにかいいことが起きるような気がしていたんです。今日は11月14日ですよね。『いい（11）、意思＝いし（14）』と読めるので、なにかいい意思決定があるように思っていました。御社の意思決定に感謝します！　ありがとうございます！」

調子に乗って語呂合わせまで出る。

「おっ、今度は語呂合わせで来ましたね。これまた面白い。すっかり元の調子に戻られましたね。よかった、よかった。平川さんはこうでなくてはね！」

渡辺部長もご機嫌だ。

それから平川は渡辺部長としばらく歓談して意気揚々と同社を後にした。

「それにしてもこんなにスムーズに話ができるとは思ってもみなかった。企画が決定したのは先方のニーズとうまく合致した巡り合わせだと思うけど、今日は会話の運びがとてもよかった。これはたぶんネクタイのネタにしても、語呂合わせにしても事前に準備して出せるようにしていたので心に余裕があったからだな。やはり谷山先生が言われるように営業でダジャレを使うには事前の準備が重要なんだ」

会社への帰り道、平川はつくづくそう思った。

一方、大堀は営業第４部の香村と医薬品メーカーを訪ねた。セールスするのは「長寿社会の実現と健康・医療」の企画だが、同社は女性向けの医薬品も扱っているので香村が責任者となっている「女性活躍社会への提言」企画も同時並行でセールスしている。

大堀は担当の門倉健一《かどくらけんいち》部長には初めてお会いする。面会の前に香村に門倉部長の人となりをヒアリングした。先日の化学品メーカーの課長との苦い経験を踏まえてのことである。聞けば部長はざっくばらんでジョークへの理解もある明るい性格だという。大堀はそうであれば「マイケル名刺」でご挨拶しても大丈夫だろうと思った。

そして緊張の名刺交換。門倉部長は大堀の名刺をしげしげと眺めている。

「このマイケルというのは……」と言われた途端、大堀は得意の「『ま、いける、ま、いける』なのでマイケル」ネタをご披露する。

香村の言っていた通り、ジョーク好きの門倉部長にはこれが大ウケでしばらく笑いが止まらない。

「いやぁ、面白い方ですね。香村さん、御社にはこんな楽しい方がいらっしゃるんだ！」

門倉部長は大喜びしている。


大堀はすかさず「今日は11月20日なので『いい（11）、連れ＝つれ（20）』ということで香村と名コンビでお伺いしました」と畳み掛ける。この語呂合わせもウケて笑いが続く。

大堀は調子に乗って先日の失敗談までご披露してしまった。

「マイケルの『ケ（毛）』が抜けて『マイル（参る）』話になりました」と今度は「イ抜き」ではなく「ケ抜き」のオチに変えて話した。もちろん門倉部長の髪がふさふさしているのを見てのことである。


こうして今回は名刺交換のツカミネタがうまくハマり、すんなりとセールスに入れた。

本題の企画内容の説明もスムーズにいく。

「楽しい話を聞かせていただいたからというわけではありませんが、企画のテーマが当社に合っているので、両方の企画とも前向きに検討しますよ」

門倉部長からの嬉しい一言である。まだ正式決定ではないが気持ちが高ぶる。

大堀は調子に乗って話す。

「今回の企画は当社にとっても70周年の記念企画になります。『100年に向けて、世界に向けて頑張っていこうと思っています』と申し上げたいところですが、『大ほら言うじろう』にならないようにまずは足元から、御社のお役に立てるように地道に頑張ります」

大堀にしては珍しく殊勝な物言いになる。そして締めてきた「石橋を叩いて渡る」のネクタイを門倉部長に見せる。

「いやぁ、ご自分の性格を戒めることまでジョークにしてしまう人には初めてお目に掛かりましたよ。香村さん、いい上司がいらっしゃいますね」

門倉部長はこう言って香村を見る。直属の上司ではないが門倉部長に大ウケなので香村も頷かざるを得ない。

こうして大堀は自分の担当業種ではうまくいかなかった営業を、名刺の持ちネタや語呂合わせ、ネクタイを使って他業種のクライアントの営業でカバーした。これは香村が日頃からクライアントに食い込んで、相手とのよき関係づくりができていた成果でもある。

クライアントからの帰り道。

「正式決定したら『こんにちワッフル』ご馳走するよ！」

セールスがうまくいって自信を取り戻してご機嫌な大堀は香村に先輩風を吹かす。

「タピオカミルクティー付きでお願いします！」と香村がすかさず返す。

70周年企画のセールスに明るい兆しが見えてきた。

瀬尾が提案した「ホームページの制作企画」はほとんどのクライアントが既にホームページを持っているため新規での獲得は難しかった。それでも「近々リニューアルを考えているのでお願いするかもしれない」という話が3社ほどあった。

中にはビジネスコミュニケーションセミナーの話を聞きつけて「ダジャレのコーナーを設けられるか」といった問い合わせもあった。70周年以降も継続できる事業だけに期待が膨らむ。

70周年企画の営業に目途がつき始めた12月半ば、谷山がひょっこりとビッグアドエージェンシーの日比野課長のところに顔を出した。近くまで来たので寄ったらしい。

午後の営業に出る前の時間だったので木下課長や平川、大堀も社内にいて駆け付ける。木下課長はネクタイを贈ってもらった御礼を言う。

平川、大堀は谷山から伝授された「営業でダジャレを使った成果」を話す。小道具のネクタイを使ってウケたことや語呂合わせがうまくハマった話も報告する。谷山から学んだダジャレが営業にも活きている。

やはり谷山は皆の憧れのダジャレの先生だ。

平川は前々から憧れの谷山に確かめたかったことをダジャレ入りで聞いてみる。

「谷山先生、何デシベルくらいのレベルがあったら先生の内弟子にしてもらえるんでしょうか」

谷山は笑って答える。

「弟子のレベルでデシベルねぇー。面白いこと言うね。もうみんな立派な私のダジャレの弟子だし伝道師ですよ。まぁ、それでも内弟子ということなら『ナデシコミ』かな」

「ナデシコミ」

何だろう、これは……。

分からない……。

意味不明なフレーズを残して谷山は帰っていった。

谷山を見送った4人は謎のフレーズにただ頭をひねるばかりだった。

【まとめ】

・お客様にお会いする月日にちなんだ語呂合わせダジャレがうまく使える場合もあります。アポイントが取れたらその日にちなんだ楽しい笑えそうな語呂合わせダジャレを頭をひねって考えます。思い浮かばない時は無理して披露しません。その場に相応しくない語呂合わせになるケースもあるからです

・営業でお客様と話していてもダジャレがうまく出ない、笑いがなかなか起きない時が必ずあります。そういう時のためにダジャレのネタとして使える小道具を準備して持っていると安心です

・小道具としては名刺やネクタイ、ハンカチ、シャツ、シールなどいろいろと考えられます。自分なりに工夫してオリジナルなネタとして使います

・お客様にお会いした早いタイミングでツカミ的なダジャレで笑いを起こせれば、その日のセールスもうまく展開するというものです。笑談を仕掛けながらそれを商談に結び付けます

おわりに

皆さん、いかがでしたか？　ダジャレをビジネスコミュニケーションに使うお話は。

私は本書の筆者です。

本書の「はじめに」を谷山二朗に任せてしまったのでとても気になっていたんです。「おわりに」くらいは筆者が書かないとマズイですよね。〝ひっしひっし〟とそれを感じているので必死に書きます。

私は谷山と同じように42年間の会社人生でしたが、それこそ「谷あり山あり」のビジネスマン生活でした。新聞社の広告部門で仕事がスタートしましたが、初めは記事スタイルの広告を制作する営業支援部隊にいました。そこではあまりコミュニケーションを意識することもなく受け身的に、時には横柄な態度で仕事をしていました。かなり偉ぶっていたかもしれません。

おわりに

転機は入社10年目にやってきました。突然、営業職に異動になってしまったのです。30歳を少し超えていたので会社では中堅に差し掛かっていましたが営業では全くのど素人、新人です。営業のノウハウもない、遅れて来た私はそれまでの受け身、横柄な態度を改めてコミュニケーションの良い人間に変身することを決意しました。

その時コミュニケーションを取るのに威力を発揮したのがダジャレでした。もともとダジャレを言う人間でしたが、入社してからの10年間はそれを会社で出す場面はほとんどありませんでした。営業のノウハウのない私はとにかくダジャレで笑いを巻き起こして人の心に入り込んでいくことに力を注ぎました。しかし今から考えるとそれが営業にとっては一番大切なことだったんですね。

一瞬のうちにその場をダジャレによる笑いで明るくしていった私は取引先や会社の上司、同僚と良き関係づくりができました。ダジャレで良きコミュニケーションを取ることに成功したわけです。

その後の約30年はダジャレを有力な武器として使い、谷あり、山ありのビジネスマン人生を何とか乗り切れました。時には取引先のお客様とダジャレを言い合って大笑いし、時には暗い職場にダジャレで明かりを灯し……。ダジャレのおかげで明るく楽しい会社人生を歩むことができました。

その間に営業のノウハウがたまったかは分かりませんが、ダジャレのノウハウはいっぱいたまりました。本書は私が体得したそのダジャレのノウハウを小説仕立てにして皆さんにお届けしたものです。

天台宗に「一隅を照らす」という教えがありますが、私にとってはまさに職場の一隅を照らすツールがダジャレでした。

今、働き方改革が喫緊の課題として方々で叫ばれています。長時間労働の是正や同一労働同一賃金などは物理的な取り組みですが、職場のコミュニケーションを良くするという精神的な取り組みも極めて重要な働き方改革です。

コミュニケーションが良い働きやすい職場の私なりの判断基準は「朝起きたら行きたくなる」のかどうかです。時には誰かが言ったダジャレで笑いが起きて明るい笑顔が溢れている職場はきっと働きやすい、朝起きたときから楽しくて行きたくなる会社に違いありません。

たぶんビッグアドエージェンシーも谷山が伝授したダジャレによるコミュニケーション術で笑いが起き、楽しくて行きたくなる会社になったんだと思います。

「ダジャレなんかとても自分には言えない！」と思っている人も「さしすせそ」の行動指針、「さぁ、言おう、失敗しても、すべっても、積極的に、そのダジャレ」で一つでも二つでも口にすることから始めてみてください。きっと明るく楽しい世界が開けるはずです。

谷山が言っているようにダジャレはおじさんの専売特許ではありません。若い方や女性がダジャレを口にすれば今よりもっともっと職場や社会が明るくなるに違いありません。谷山の内弟子になるにはちょっと時間がかかるかもしれませんが、まずは言ってみることです。


そうそう、そう言えば谷山が最後の別れ際に残していった謎のフレーズ「ナデシコミ」を解明しないといけませんね。私は筆者なので谷山に特別にそっと教えてもらいました。

何か「ナデシコ」のような「シコミ」のような意味不明なフレーズですが意味はありました。

平川は「内弟子になるには何デシベルが必要か」と尋ねたのでまず数字があるはずです。これは「ナ＝7」で「デシ＝デシベル」なので、「ナデシ」は「7デシベル」のことだそうです。そして「コミ」。これは「コミット＝責任を持って約束する」と言いたかったようです。つまり「7デシベルに達すれば内弟子を約束する」となります。

デシベルは音の強弱を表す単位ですが、ここでは「章」を示し7章、つまり「7章から成る本書をマスターすれば内弟子を約束する」という意味になります。10デシベルが「静かな息」くらいの音なので、小さな声でこっそりと伝えたかったのかもしれません。

白いナデシコの花言葉は「才能」ですから、ダジャレのシコミの才能があれば内弟子として認めるということでしょうか。

本書を刊行するに当たってはダジャレのネタを提供して応援してくれた洋子、登史、愛、瑛史に感謝します。

おわりに

本書を読んでいただいて「寒いおやじギャグの代表」のように思われているダジャレが、使い方によってはパワーのあるビジネスコミュニケーションのツール、武器になることが皆さんに伝わったのなら筆者として嬉しい限りです。

そうであれば１００デシベルくらいの大きな声で御礼を申し上げます。

川堀泰史

著者紹介

川堀　泰史（かわほり・やすし）

ダジャレクリエイター
ビジネスユーモア研究家

1950年生まれ。1974年早稲田大学商学部卒業。同年4月日本経済新聞社入社。配属は広告局の営業支援部署で記事広告を制作。1983年、入社10年目で営業部署に異動。「遅れた10年」を補い、クライアントに食い込み、業績をあげるため、ダジャレによる「笑いの取れる営業マン」を目指す。全社横断的部署の社長室に2年、電波本部に副本部長として2年勤務。この間もダジャレによる積極的なコミュニケーションで社内外の人脈を広げる。2004年に東京本社広告局総務、2005年に東京本社広告局長に就任。局長時代も笑いによる職場活性化に貢献する。2010年に日経グループの広告会社の日本経済社社長に就任。ダジャレによる笑いのコミュニケーションで多くのクライアント、社員に親しまれる。2014年3月に日本経済社社長を退任。2016年3月に日本経済新聞社顧問を退任。

主な著者
「明日使える仕事術　笑談力　～思わず微笑むダジャレ108選～」（2016年　ビジネス教育出版社）
「働く方・働く場改革　人と職場を活性化する　笑談力・考動力」（2018年　ビジネス教育出版社）

装丁　佐々木博則
イラスト　根津あやぼ
DTP　野中賢（株式会社システムタンク）

一瞬《いっしゅん》で笑《わら》わせる技術《ぎじゅつ》
相手《あいて》ともっと打《う》ち解《と》けるためのコミュニケーション

2020年5月18日　第1版　第1刷発行

著　者　川堀泰史
発行所　WAVE出版
〒102-0074　東京都千代田区九段南3-9-12
TEL 03-3261-3713　FAX 03-3261-3823
振替 00100-7-366376
E-mail: info@wave-publishers.co.jp
https://www.wave-publishers.co.jp

印刷・製本　シナノ・パブリッシングプレス

NDC360　191p　19cm　ISBN978-4-86621-278-4